U0840853

基层党组织建设的调研与思考

何伟昌　著

中国言实出版社

图书在版编目（CIP）数据

基层党组织建设的调研与思考 / 何伟昌著 . -- 北京：中国言实出版社，2023.8
ISBN 978-7-5171-4524-0

Ⅰ . ①基… Ⅱ . ①何… Ⅲ . ①中国共产党—基层组织—党的建设—研究 Ⅳ . ① D267

中国国家版本馆 CIP 数据核字（2023）第 117201 号

基层党组织建设的调研与思考

责任编辑：郭江妮　刘　琳
责任校对：邱　耿

出版发行：中国言实出版社
地　址：北京市朝阳区北苑路 180 号加利大厦 5 号楼 105 室
邮　编：100101
编辑部：北京市海淀区花园路 6 号院 B 座 6 层
邮　编：100088
电　话：010－64924853（总编室）010－64924716（发行部）
网　址：www.zgyscbs.cn　电子邮箱：zgyscbs@263.net

经　销：新华书店
印　刷：天津融正印刷有限公司
版　次：2023 年 6 月第 1 版　2023 年 6 月第 1 次印刷
规　格：710 毫米 ×1000 毫米　1/16　11.5 印张
字　数：180 千字

定　价：58.00 元
书　号：ISBN 978-7-5171-4524-0

序　言

习近平总书记在党的二十大报告中指出："坚持大抓基层的鲜明导向，抓党建促乡村振兴，加强城市社区党建工作，推进以党建引领基层治理，持续整顿软弱涣散基层党组织，把基层党组织建设成为有效实现党的领导的坚强战斗堡垒。"基层是党的执政之基、力量之源。党的基层组织是党的全部工作和战斗力的基础，基础不牢、地动山摇。重视基层、关心基层、支持基层，建强基层党组织，是我们党在长期实践中积累的重要经验。对于新疆而言，要把抓基层、打基础作为稳疆安疆的长远之计和固本之举，努力把基层党组织建设成为服务群众、维护稳定、反对分裂的坚强战斗堡垒，让党的旗帜在每一个基层阵地上都高高飘扬起来。可以说，新疆基层党组织建设成效关系到新疆工作总目标的实现与否。

近年来，我主要围绕着新疆基层党组织建设的具体实践，以中央关于基层党组织建设的重要工作部署为指导，紧密结合自治区党委关于新疆基层党组织建设的工作要求，以乌鲁木齐和南疆农村为重点，立足实际，进行了一系列的课题调研，系统梳理具体做法，注重发现短板弱项，着力提出解决的思路对策，形成了相关调研文稿。这些调研文稿总的来说具有以下一些特点：

一是调研对象比较聚焦。本书所选的八篇调研文稿中，有三篇是围绕乌鲁木齐基层党组织建设、三篇是围绕南疆农村基层党组织建设进行调研的。在我的研究中，之所以选择这两个地方作为重点调研对象，一方面是因为乌鲁木齐作为新疆维吾尔自治区首府城市，其在新疆的政治经济地位十分重要，城市社区基层党组织建设对新疆其他地州市具有基础性、示范性、引领性的作用。同时，乌鲁木齐作为新疆最大的城市，城市社区基层党组织建设任务比较艰巨，形势比较复杂，遇到的问题也具有一定的代表性和典型性，研究和分析乌鲁木齐城市社区基层党组织建设的规律，对全疆城市社区基层党组织建设具有重要的借鉴参考价值。另一方面，南疆地区作为做好新疆工作的重点和关键，其农村基层党组织建设事关新疆社会稳定和长治久安总目标的实现。第一次中央新疆工作座谈会以来，自治区党委高度重视南疆农村基层党组织建设，多措并举，从党支部班子、党员队伍建设、后备干部培养、阵地建设、工作制度完善等方面，全方位加强南疆农村基层党组织建设，成效明显。因此，持续对在实践中加强南疆农村基层党组织建设的有效做法和经验进行总结，对存在的一些问题进行认真分析，有利于进一步提高南疆农村基层党组织建设质量，不断夯实党在新疆执政的组织基础。

二是调研内容持续跟进。近年来，我持续跟踪调研基层党组织建设，从书中所选的八篇调研文稿来看，涉及党的十七大后关于在全党开展以“争创五好党支部，争当五带头优秀共产党员”为主要内容的创先争优活动中，基层党组织创先争优长效机制建设；党的十八大后，关于基层服务型党组织建设的实践与做法；第二次中央新疆工作座谈会后，新疆工作总目标视角下社区基层党组织建设与社会治理的研究；第一次中央新疆工作座谈会后，南疆农村基层党组织支部班子建设的探索与实践；2014 年“访民情、惠民生、聚民心”驻村工作开展以来，对南疆农村基层党组织建设的持续加强和改善；党的十九大以来，以不断提高党的建设质量的要求为遵循，对近年来提高南疆农村基层党组织建设质量的主要做法与成效进行了总结；围绕机关单位推进基层党组织标准化规范化建设，选取个案进行分析，着力总结实践经验，查找存在的问题和不足。这些调研选题，从总体上来说，都是与中央关于加强基层党组织建设的重大部署和自治区关于基层党组织建设的相关工作要求保持同步，基本上做到了及时跟进，对不断深化关于加强基层党组织建设的规律认识，具有一定的参考价值。

三是调研文稿的基本框架比较统一。书中所选的八篇调研文稿，除最后一篇是以调查问卷的内容为框架进行分析以外，其余七篇基本上是按照重要意义或理论基础、取得的主要成效、存在的问题与不足、进一步改进的对策建议的思路，从不同选题的角度，有重点地对新疆加强基层党组织建设的实践进行分析研究，形成比较统一的分析认识框架。当然，在每篇文稿中，又根据实际情况，有一定的调整，形成符合选题要求的具体分析思路。这样，力争使调研分析做到普遍和特殊的有机结合，使调研分析更加符合实际，更有针对性。

调查研究是我们党的传家宝。党的十八大以来，习近平总书记高度重视调查研究工作，强调指出：调查研究是谋事之基、成事之道，没有调查就没有发言权，没有调查就没有决策权；正确的决策离不开调查研究，正确的贯彻落实同样也离不开调查研究；调查研究是获得真知灼见的源头活水，是做好工作的基本功；要在全党大兴调查研究之风。可以说，调查研究是我们运用党的创新理论，认识问题、分析问题、解决问题的基础所在，是我们把握事物发展规律的重要途径，是我们提高工作本领的有效抓手。本书是我近十年来围绕党的基层组织建设进行的相关调研成果的集中体现，事实上，也正是通过这些调研，我对加强基层党组织建设的规律有了进一步的认识和把握，为我更好地开展教学科研工作提供了有力支撑。

一是通过调研，深刻认识到加强基层党组织建设必须着眼全局，系统谋划，整体推进。党的基层组织是党在社会基层组织中的战斗堡垒，是党的全面工作和战斗力的基础。因此，加强党的基层组织建设，要着眼于巩固党长期执政地位和领导地位的战略全局高度，坚持以系统思维谋划工作，全方位整体推进，才能从政治的高度抓好党的基层组织建设各项工作的落实。从新疆来说，就是要紧紧围绕新疆社会稳定和长治久安总目标，坚持以党建引领基层社会治理，服务中心工作，统筹谋划，更加注重党的组织体系建设，以提升组织力为重点，突出政治功能和组织功能，加强企业、农村、机关、事业单位、社区、社会组织等各领域党建工作，才能推动基层党组织全面进步、全面过硬。

二是通过调研，深刻认识到加强基层党组织建设必须抓住关键，突出重点，绵绵用力。加强基层党组织建设，要紧紧围绕抓基层、强基础、固基本这个根本，强化基层党组织班子建设，做好党员教育管理工作，提高基层党组织标准化规范化建设水平，为坚持和加强党对新疆工作的领导、发挥基层党组织战斗堡垒作用和党员先锋模范作用奠定坚实基础。因此，对于新疆基层党组织建设来说，必须抓住基层党组织班子建设这个关键，多渠道选优配强基层党组织书记，建设政治过硬、结构合理、能力突出、作风优良的基层党组织班子，充分发挥基层党组织领导班子的领导作用；必须抓住基层党员队伍建设这个重点，在严把质量关的前提下持续发展壮大党员队伍，切实抓好党员队伍教育管理，始终保持党员队伍的先进性和纯洁性，充分发挥党员先锋模范作用；必须抓住基层党组织标准化规范化建设这个基础，严肃党内政治生活，完善基层党组织各项规章制度，强化制度的执行和落实，严肃党的各项纪律，久久为功，绵绵用力，推动基层党组织建设持续加强，不断提高各项工作质量。

三是通过调研，深刻认识到加强基层党组织建设必须立足实际，分类施策，注重实效。在实践中，要充分结合不同地区不同类型基层党组织特点，坚持政治要求过硬、思想基础扎实、组织体系严密、作风建设有力的要求，立足于基层党组织建设的实际情况，科学合理设置基层党组织建设的具体目标，分层次、分类别、有针对性地提出基层党组织建设的标准体系，提高基层党组织建设的实效性。对于加强新疆基层党组织建设来说，南北疆的地区差异、乌鲁木齐与其他城市的发展水平差异、“新经济组织新社会组织新就业群体”党建工作比较滞后、机关党建与业务工作“两张皮”尚未根本解决等现实问题，更需要深入研究把握实际情况，坚决克服基层党组织建设“一刀切”的问题，注重分类制订工作计划和具体任务，在措施方法上紧密结合实际，切实提高基层党组织建设质量。

四是通过调研，深刻认识到加强基层党组织建设必须与时俱进，动态调整，持续改进。党领导的事业不断向前发展，社会不断向前进步，对基层党组织建设就不断提出新要求。因此，加强基层党组织建设必须与党和国家事业发展保持同步，必须不断适应新的社会条件。只有这样，基层党组织才能真正成为有效实现党的领导的坚强战斗堡垒。对于加强新疆基层党组织来说，要与新疆工作的总体布局相适应，及时调整基层党组织建设的思路举措，为实现新疆高质量发展提供有力的组织保障；要大力提高基层党组织建设的信息化水平，注重发挥现代信息技术在基层党组织建设中的积极作用，不断创新载体和途径，持续推进智慧党建；要持续整顿软弱涣散基层党组织，建立动态跟踪、及时调整、回头查摆等机制，从深层次解决基层党组织建设存在的突出问题。

总的来说，这些调研文稿是我在一个时期内关于基层党组织建设调研思考的成果，反映了我对加强基层党组织建设的一些认识。同时，对于每篇文稿中的具体数据、相关做法和对策建议未做调整和更新，是为了与调研时的情况保持一致，这样更能反映出新疆基层党组织建设的发展进步过程，使我更好地去分析和把握新疆基层党组织建设的规律和特点。当然，这些认识可能并不全面，这也反映出我自身对于基层党组织建设规律认识不断深化的过程。希望以此次出版为契机，全面总结这些年的工作经验和方法，深刻分析存在的问题和不足，为今后进一步的研究提供更好的借鉴和指导。

是为序。

目录

乌鲁木齐社区基层党组织创先争优长效机制建设研究

【摘要】2010年以来，根据党的十七大部署，中共中央决定在全党开展以“争创五好党支部，争当五带头优秀共产党员”为主要内容的创先争优活动。这是加强基层党组织建设，增强其凝聚力、领导力和创造力的有效途径。因此，2012年习近平同志指出:“创先争优活动开展两年多来，基本实现了目标任务，取得显著成效。今后要在建立健全制度机制上下功夫，推动创先争优常态化、长效化。”党的十八大更是将“创先争优”作为基层党组织的一项经常性工作写入《中国共产党章程》(以下简称《党章》)，并明确提出要“健全党员立足岗位创先争优长效机制，推动广大党员发挥先锋模范作用”。建设创先争优长效机制，是保持党的先进性的重要途径，是对党的优良传统和政治优势的继承与发扬，是提高党的建设科学化水平的重要内容。而社区基层党组织是党在新疆执政的重要组成部分，是促进民族团结、维护社会稳定、实现新疆长治久安的基本单元，具有十分重要的战略地位，推动社区基层党组织创先争优长效机制是夯实党的组织基础的有效载体。乌鲁木齐作为新疆首府，深入研究其社区基层党组织创先争优长效机制建设，对全疆各地社区基层党组织具有重要的示范作用。通过调查分析，可以看出乌鲁木齐社区基层党组织创先争优长效机制建设还存在部分社区党务工作者对创先争优长效机制建设的重要性认识不到位，重视不够；一些社区基层党组织创先争优公开承诺长效机制不完善；社区基层党组织党员队伍教育管理长效机制不健全；社区基层党组织创先争优长效服务机制不完善等问题。对此，应从围绕提高社区党员干部创先争优的素质和能力健全学习培训长效机制；围绕增强社区基层党组织和党员创先争优内在动力与责任意识健全创先争优公开承诺长效机制；围绕提高社区基层党组织和党员服务群众的能力和水平健全创先争优服务群众长效机制；围绕激发社区党员队伍创先争优的活力完善社区党员队伍管理、激励、关怀长效机制方面入手，不断完善乌鲁木齐社区基层党组织创先争优长效机制建设，推动创先争优目标的有效实现。

2010 年 3 月以来，在全党认真学习贯彻落实科学发展观的基础上，根据党的十七大部署，中共中央决定在全党开展以“争创五好党支部，争当五带头优秀共产党员”为主要内容的创先争优活动。三年来，全国各地基层党组织认真贯彻中央决策部署，以改革创新精神深入推进创先争优活动，并取得巨大成绩。基层党组织的凝聚力、战斗力和吸引力不断增强，广大党员发挥先锋模范作用的积极性、主动性和创造性不断提高。为此，党的十八大将“创先争优”作为基层党组织的一项经常性任务写入党章，用党的根本大法的形式将创先争优在基层党组织建设中的地位和作用确定下来。那么，如何构建基层党组织创先争优长效机制，确保这项经常性的任务落到实处，是未来基层党组织建设中必须加以探索解决的问题。而民族地区基层党组织要发挥促进民族团结，维护社会稳定，推动经济社会发展的重要作用，就必须以创先争优为载体，构建创先争优长效机制，夯实组织基础。

一、加强基层党组织创先争优长效机制建设的重要意义

创先争优活动开展以来，各级党组织严格按照中央“推动科学发展、促进社会和谐、服务人民群众、加强基层组织”的总要求积极推进，取得了显著成绩。中央在充分肯定成绩的同时，对创先争优提出了新的要求和目标。2012 年 10 月，胡锦涛同志和习近平同志先后在《关于深入开展创先争优活动的总结报告》上作出重要批示。胡锦涛同志要求：“创先争优活动取得显著成效。要认真总结经验，巩固和扩大成果，努力推进创先争优常态化、长

效化，不断提高党建科学化水平。”习近平同志指出：“创先争优活动开展两年多来，基本实现了目标任务，取得显著成效。今后要在建立健全制度机制上下功夫，推动创先争优常态化、长效化。”党的十八大提出“健全党员立足岗位创先争优长效机制，推动广大党员发挥先锋模范作用”，因此，努力构建创先争优的常态化、长效化机制，是保证创先争优目标有效实现的重要途径。社区基层党组织作为党的基层组织的重要组成部分，也需要对创先争优常态化、长效化机制建设作出探索，确保社区基层党组织以创先争优为载体，不断保持先进性和纯洁性，真正发挥推动发展、服务群众、凝聚人心、促进和谐的作用。

（一）加强创先争优长效机制建设是保持党的先进性的重要途径

中国共产党是马克思主义政党，是中国工人阶级的先锋队，同时是中国人民和中华民族的先锋队，先进性是其生命所系、力量所在，90 多年来，中国共产党能够带领全国人民不断取得革命、建设、改革新胜利，就是因为它不断保持和发展先进性，始终走在时代前列，引领中国社会进步与发展。在新的历史时期，保持党的先进性事关党的执政地位是否巩固，两个“百年目标”能否顺利实现。“四大考验”和“四大危险”的存在，使中国共产党保持和发展先进性面临着新的挑战。习近平总书记指出：“新形势下，我们党面临着许多严峻挑战，党内存在着许多亟待解决的问题。尤其是一些党员干部中发生的贪污腐败、脱离群众、形式主义、官僚主义等问题，必须下大气力解决。全党必须警醒起来。打铁还需自身硬。”所以必须以创先争优为载体，抓好基层党组织和党员队伍建设，努力使全体党员和党组织争先进、创优秀，充分发挥基层党组织的战斗堡垒作用和党员的先锋模范作用。

因此，深入开展创先争优活动，夯实党保持和发展自身先进性的基础，必须加强创先争优长效机制建设。保持党的先进性仅靠运动式的活动或者短期集中教育难以取得长远的效果，必须通过长效机制建设，将创先争优作为保持党的先进性的一项经常性工作持之以恒地开展下去，使创先争优活动融入到基层党组织和广大党员的日常工作与生活中，形成良好的氛围，变成一种工作状态和生活习惯，从而夯实保持和发展党先进性的基础。

（二）加强创先争优长效机制建设是对党的优良传统和政治优势的继承与发扬

中国共产党90多年辉煌历史，从本质上说就是不断保持和发展党的先进性，在实践中不断创先争优，充分发挥战斗堡垒作用和先锋模范作用的历史。不同历史时期，党面临着不同的历史使命和任务，党的先进性具体要求也随着历史的发展不断发展，因此，创新争优的具体实践也不断地创新和发展。可以说，党的历史就是一部不断创先争优，保持和发展党的先进性的历史。

回顾党的历史，在不同的历史时期，我们党结合党性质宗旨和肩负的历史使命，根据党的建设实际情况，对党的各级组织和党员创先争优提出了不同的要求。1938年毛泽东同志在《中国共产党在民族战争中的地位》中指出："共产党员应在民族战争中表现其高度的积极性；而这种积极性，应使之具体地表现于各方面，即应在各方面起其先锋的模范的作用。"新中国成立后，1956年，邓小平同志在党的八大修改党章的报告中指出："党的事业的胜利，党对于人民所负的责任的加重，党在人民中间的威信的增长，这一切，都要求党对于党员提出更高的标准。"改革开放后，面对新的形势和问题，邓小平同志在《目前的形势和任务》中提出："我们这个党要恢复优良的传统和作风，有一个党员要合格的问题。""……各级党组织，要管好所有的党员，做好群众工作，使党员在各自的岗位上发挥先锋模范作用……"。1997年，江泽民同志在中国共产党第十五次全国代表大会上的报告中，要求全体党员"在新的历史条件下，共产党员保持先进性，要体现时代的要求，做到：胸怀共产主义远大理想，带头执行党和国家现阶段的各项政策，勇于开拓，积极进取，不怕苦难，不怕挫折；诚心诚意为人民谋利益，吃苦在前，享受在后，克己奉公，多做贡献；刻苦学习马克思主义理论，增强辨别是非的能力，掌握做好本职工作的知识和本领，努力创造一流的成绩；在危急的时刻挺身而出，维护国家和人民的利益，坚决同危害人民、危害社会、危害国家的行为作斗争。"党的十六大以来，中央先后在全党开展保持共产党员先进性教育活动、学习实践科学发展观活动、创先争优活动等，努力实现推动科学发展、促进社会和谐、服务人民群众的目的。

创先争优是党的优良传统和政治优势，2010年开始的创先争优活动是在新的历史条件下，不断创新党组织和党员创先争优的内容与形式，积极发挥党组织的战斗堡垒作用和党员先锋模范作用的具体实践。加强创新争优长效机制建设就是要探索和掌握创先争优活动的历史发展规律，系统总结和升华党的历史上创先争优的理论和经验，不断提高创先争优的有效性和针对性，将党的优良传统和政治优势发扬光大，引导和规范各级党组织与广大党员自觉践行党的宗旨，服务广大人民群众。

（三）加强创先争优长效机制建设是提高党的建设科学化水平的重要内容

党的十八大在全面提高党的建设科学化水平，创新基层党建工作，夯实党执政的组织基础任务部署中明确要求："健全党员立足岗位创先争优长效机制，推动广大党员发挥先锋模范作用"。这说明，创新争优长效机制建设是提高党的建设科学化水平的重要内容。近年来，通过深入开展创先争优活动，广大基层党组织和党员宗旨意识不断增强，密切联系群众的制度和措施更加完善，服务群众的能力和水平不断提高，创新了基层党建工作的实践载体。但是，要是创先争优活动长期发挥作用，必须有相应的机制作保障，才能使创先争优成为推动科学发展的经常性动力，促进发展、创建平安的经常性保证，服务群众的经常性机制，加强基层党建的经常性要求。因此，加强创先争优长效机制建设，把争创活动中形成的一系列具有示范作用和意义的做法与经验用制度固定下来，并不断地坚持和完善，既是巩固和扩大创先争优成果，创新基层党组织建设和党员队伍建设的重要手段，也是推动党的建设制度化、规范化、程序化发展，提高党的建设科学化水平的重要内容。

（四）社区基层党组织创先争优长效机制是夯实党的组织基础的有效载体

社区基层党组织是党在新疆的执政基础重要组成部分，是党联系群众和服务群众的桥梁与纽带，是党在城市基层的战斗堡垒，是推动经济社会发展的领导核心，是促进民族团结和维护新疆社会稳定的基本单元，具有十分重要的战略地位。

社区基层党组织在社区建设中发挥重要的作用，一是社区基层党组织是社区各项工作顺利开展的领导核心。党的十八大《党章》第三十二条指出，街道、乡、镇党的基层委员会和村、社区党组织，领导本地区的工作，支持和保证行政组织、经济组织和群众自治组织充分行使职权。因此，党组织对社区的领导核心作用的发挥，有利于调整和掌控社区不断变化的因素，推动社区健康有序发展。二是社区党组织是教育、管理、监督、服务党员的基本单位。基层党组织的基本任务之一就是组织党员的学习教育，加强对党员的管理监督，提高服务党员的能力和水平，以提高党员素质，增强党性修养，严格党的纪律，保障党员权利。目前，社区党员队伍构成复杂，党员教育管理任务艰巨，尤其需要社区党组织不断发展和创新模式，提高党员教育、管理、监督、服务的针对性和有效性。三是社区基层党组织是服务群众、凝聚人心的桥梁和纽带。全心全意为人民服务是党的宗旨，融于党的全部工作之中。社区基层党组织处于基层人民群众之中，既能了解群众的意愿诉求，听取他们的呼声与建议，又能直接向群众宣传党的路线方针政策，让人民群众从心底里了解和接受，获得人民群众的支持和信赖，具有服务群众、凝聚人心的桥梁和纽带作用。四是社区基层党组织是整合利益、维护稳定的有效工具。随着改革开放的深入，经济社会迅速发展，整个社会利益结构发生了深刻变化，社区也不例外，如何将社区内居民利益分化的矛盾消解，避免利益矛盾的激化和利益冲突的发生，发挥不同利益主体在社区建设中的积极作用，形成共同的社区建设价值认同，是当前社区建设的主要任务。社区基层党组织作为党执政的基础，对社区利益整合具有作用，它可以利用拥有的丰富政治资源，有效发挥党组织的渗透力、战斗力，与政府部门协调配合，推动社区利益整合。而通过有效的利益整合，社区稳定的实现具有了基础，矛盾和冲突的根源就在于相关利益主体的利益没有得到有效的实现和维护，社区基层党组织只有充分发挥利益整合的作用，才能维护社区稳定。五是社区基层党组织具有推动社区发展，构建和谐社区的作用。社区基层党组织是社区建设的领导核心，是社区建设的目标任务实现的组织保证，通过社区基层党组织调动各方面的资源和积极性，构建以人为本的社区发展规划，完善社区居民自治体制，形成人人参与、人人共享的社区发展局面，推动社区和谐目标的有效实现。

在当前新疆跨越式发展和长治久安的大背景下，社区基层党组织是否坚强有力、领导有方、服务到位，能否有效发挥其在推进社区建设、维护社会稳定、促进社会和谐的重要作用，关系到新疆经济社会整体发展目标实现与否。因此，必须以开展创先争优活动为依托，开展符合新疆社区基层党组织建设实际情况的争创活动。同时，必须不断加大对创先争优长效机制的探索和建设力度，确保创先争优活动能够真正成为发挥社区基层党组织战斗堡垒作用和党员先锋模范作用的有效载体。

二、乌鲁木齐社区基层党组织创先争优长效机制建设存在的问题分析

2010年以来，乌鲁木齐社区基层党组织以中央组织部、中央宣传部《关于在党的基层组织和党员中深入开展创先争优活动的意见》和自治区党委关于创先争优活动的部署为指导，街道社区党组织以强化基础工作、强化一岗双责、强化治本措施、强化动态管理、强化共驻共建为目标；党员进百家门、知百家情、管百家事、解百家难、暖百家心的“五个强化、五百服务”为实践载体深入推进创先争优工作，并结合中组部关于建立健全创先争优长效机制系列文件，探索社区基层党组织创先争优长效机制建设，努力优化社区党建格局，构建和谐社区，维护社会稳定。

在三年多的创先争优实践过程中，乌鲁木齐社区基层党组织结合各自社区的特点，进行了诸多有益探索，并取得了一定的成效。比如幸福城市花园社区党总支根据创先争优活动的要求和目标，积极探索长效机制建设。一是完善组织领导机制，要求社区党总支切实领导和指导创先争优活动，党总支的领导成员要以实际行动带头创先争优。二是构建宣传机制，通过定期学习、专题讲座、内部网络等途径，对创先争优进行广泛的宣传，形成良好的

舆论氛围；通过同兄弟社区和其他先进党组织的及时交流和学习，查找差距，开阔思路，丰富争创活动的形式；通过各种展览、内部刊物、社会媒体等，积极宣传先进典型，树立榜样，增强创先争优活动的说服力和感染力。三是完善学习机制，以政治学习和组织生活制度为基础，对广大党员进行创先争优学习教育，并通过网上学习、季度培训、脱产培训和季度考试等方式，大规模对党员干部进行培训，提高理论水平和业务能力。四是建设服务群众机制，通过规范热线电话、社区书记接待日或信访接待日、群众代表座谈会、满意度测评等多方式形成群众意见征求机制和反馈机制，更好的服务社区群众。五是探索竞争机制，结合中央和自治区关于创先争优活动的目标要求，幸福城市花园社区党总支先后开展“树党员新风”、“当道德模范”、“做学习标兵”、“当领军人物”、“做身边好人”、“当业务能手”和创建、“巾帼文明岗”以及“警民共建”、“扶贫帮困”等主题性争创活动，并探索科学公正的考核评价体系，以评促创，激发党员和党组织的积极性与主动性。二道湾东社区党组织针对党组织和党员承诺与评价机制建设进行了探索，实行“双亮双述双评”。即支部亮出责任郑重承诺、党员亮出身份庄严践诺；党支部向上级党组织、党员向党支部陈述履诺践诺的完成情况；定期组织党员和群众对“双亮”开展情况进行评议、邀请群众对党支部和党员承诺兑现情况进行评议等。从总体上看，乌鲁木齐市委高度重视社区基层党组织创先争优活动，社区基层党组织积极响应，从多个方面对社区党建和社区建设发挥了推动作用。一是认真落实“四知四清四掌握”工作机制，夯实了社区维护稳定的基础和防线。二是实行“错时服务机制”和全程代办制，构建服务居民群众的平台。三是社区软硬件建设得到加强，为社区党建工作提供保障。四是对街道社区管理体制进行了改革，一定程度上理顺和完善了社区党建工作的领导体制与组织体系。但是，看到成绩的同时，在调研中我们也发现目前乌鲁木齐社区基层党组织创先争优长效机制建设仍然存在许多问题，不能满足社区建设和维护社会稳定的现实要求，必须对此保持清醒的头脑，采取有力的措施加以改进。

（一）部分社区党务工作者对创先争优长效机制建设的重要性认识不到位，重视不够

创先争优活动开展以来，乌鲁木齐各社区基层党组织从总体上对活动高度重视，按照中央和自治区的要求，积极开展各种争创活动，对推动和谐社区构建，维护社会稳定起到巨大的推动作用。但是，在调研中我们发现，部分社区党务工作者对于创先争优作为基层党组织的一项经常性工作，必须通过建立长效机制，纳入到基层党组织日常工作内容的重要性认识不到位，重视不够，严重影响了创先争优长效机制的构建。

1. 对社区基层组织创先争优的重要性和重要作用认识不到位，导致创先争优活动做样子、走过场

在调研中发现，一些社区的群众对创先争优活动了解不多甚至不知道，对本社区党组织和党员都开展了哪些具体的争创活动几乎没有印象，这主要是因为个别社区党务工作者认为，创先争优活动不过是“一阵风”，就是做做样子，摆摆架子，写写稿子而已，并不注重进行深入学习和宣传引导，没有从思想上认识到创先争优活动对加强基层党组织建设，服务和联系社区群众，推动社区建设，维护社区稳定的重要作用。导致创先争优活动也就仅仅满足于应付上级检查，大搞贴标语、挂横幅的形式主义，不能创新活动载体和形式，缺乏针对性和吸引力，活动的效果和实际价值大打折扣，社区党员和群众感受不深，参与的积极性不高。所以，创先争优活动难以深入持续开展。

2. 部分社区党务工作者对社区党建和社区其他工作的关系认识不到位，导致创先争优活动与社区其他工作出现“两张皮”现象

调研发现，部分群众认为创先争优活动对推动社区建设和发展的作用不明显；个别社区工作者认为创先争优活动浪费了时间和精力，严重影响了社区其他工作的开展等，这主要是因为有些社区党务工作者对社区党建工作的重要地位和作用认识不清，认为党建工作都是一些理论性的东西，都是“讲在口上，写在纸上，挂在墙上”的摆设，做的都是“无用功”，不如抓社区的经济建设、社会稳定等工作成效明显，使社区党建工作一定程度上被虚

化；有些社区党务工作者认为社区党建是上级党委的事，自己只是负责执行，依赖思想严重，不愿积极工作，在实际工作中工作思路狭窄，缺乏开创性，脱离实际，盲目照抄照搬。这些问题的存在反映在创先争优活动中的表现就是社区基层党组织的争创活动与社区其他工作脱节，存在就活动抓活动的倾向，形成"两张皮"现象，不能实现创先争优务求实效，改善民生、加强基层组织建设、夯实社区稳定基础的预期目标，群众满意度不高，社区党组织的领导核心地位和作用难以发挥。因此，也就很难实现创先争优活动在社区的常态化、长效化。

（二）一些社区基层党组织创先争优公开承诺长效机制不完善

中央组织部、中央宣传部《关于在党的基层组织和党员中深入开展创先争优活动的意见》指出，各基层单位党组织在创先争优过程中要结合自身实际，公开承诺，明确要求"基层党组织制定开展创先争优活动实施方案，党员提出参加活动的具体打算，并采取适当方式向群众公布，作出承诺，接受群众监督。"乌鲁木齐大多数社区基层党组织都建立了公开承诺机制，积极推动创先争优活动的发展。在调研中可有看到，通过公开承诺，既将创先争优的宏观要求和任务具体化，明确了社区基层党组织和党员争创的目标和方向，又对社区党组织和党员形成较强的约束力和监督力，拓宽了群众对创先争优活动的监督渠道，增强了对承诺主体的监督和鞭策。大多数社区在公开承诺中结合各自社区的实际，将创先争优定位于促进民族团结、维护社会稳定、服务人民群众、实现社会和谐、加强社区基层党组织建设，最终推动乌鲁木齐跨越式发展和长治久安实践过程，对推动创先争优活动的持续深入开展发挥了重要作用。但是，还是有一些社区在创先争优公开承诺中存在不足，严重影响了活动的实际效果和长效化、常态化。

1. 创先争优公开承诺事项虚化

创先争优公开承诺应该围绕保持和发展党的先进性和纯洁性，结合党组织的实际情况，具有可行性，既要在宏观上符合中央和自治区关于创先争优的主要目标和内容，更要在微观上符合党组织的类型和特点，符合党员的岗位和职责要求。但是，在实际操作中，一些社区党组织和党员的公开承诺内容千篇一律，事项虚化，没有实际可操作性。一些社区党组织的公开承诺方案的制定是闭门造车，群众基础薄弱，内容空泛，官话套话较多，照抄照搬网络上或者其他社区党组织的公开承诺方案，没有结合自身所在社区的特点，脱离实际；一些社区党员的公开承诺方案没有进行党员类别和岗位的区分，所有党员公开承诺的内容和目标几乎雷同，没有结合党员自身的实际情况和特点，缺乏针对性，承诺方案落实困难；一些社区党组织和党员承诺公开方式单一，群众知晓度不高，无从监督，致使公开承诺成为形式，承诺内容和事项虚化。同时，创先争优是一个动态的过程，随着活动的发展，一些社区党组织不能及时修正调整公开承诺方案，导致公开承诺的内容和事项滞后于社区群众的期望，群众对公开承诺效果不满意。

2. 创先争优公开承诺的考核监督弱化

公开承诺本身是要通过公开的方式，接受群众监督，确保在创先争优活动中基层党组织和党员出实招、办实事，群众得实惠。这既是求真务实作风的体现，也是主动接受群众监督的真诚表现。但是，在调研中我们发现，由于对公开承诺的考核监督弱化，导致一些社区党组织和党员创先争优公开承诺没有达到预期目标，群众满意度不高。存在的主要问题有：考核方式上，一些社区党组织和党员公开承诺的检查考核中仅仅依靠公开承诺书、公开承诺总结等文字材料作出评价，因此，存在为了迎接检查而造假走过场的现象，耗费了时间和精力，但实际效果不明显；考核参与主体上，一些社区党组织主要是由上级党组织作为考核监督主体，缺乏群众评议考核，难以实现公开承诺的目标；考核具体评价指标上，一些街道党工委完全将社区党组织公开承诺事项指标化、数字化，简单的通过数字量化公开承诺的实现程度，忽视了创先争优活动本身是要为民服务，有些具体工作实际效果难以量化的特点，这也导致在公开承诺时一些社区党组织和党员承诺事项虚化。

（三）社区基层党组织党员队伍教育管理长效机制不健全

创先争优活动是推动社区党组织和党员发挥先锋模范作用的经常性工作，党员是争创活动的主体，加强社区党员队伍建设是搞好社区党组织和党员创先争优活动的核心工作。但是，在我们调研过程中发现，乌鲁木齐部分社区党员队伍建设面临的困难和问题比较多，党员队伍教育管理机制在一定程度上不能适应当前社区党员队伍的现状，社区党员对在创先争优活动中的先锋模范作用难以发挥。有社区党支部书记对这个问题总结为："单位党员不想来，下岗党员组织关系在人不在、退休党员不愿来、毕业大学生部队复员党员上班来不了。"

1. 党员队伍结构变化，对党员教育管理体制带来了新的挑战

近年来，新疆经济社会发展进入了快车道，这在从整体上推动新疆的全面发展的同时，对社区党员队伍结构也产生了影响，党员队伍结构多元化趋势愈加明显。社区离退休党员、流动党员、下岗职工党员、非公有制经济和社会组织党员、退伍军人党员、自由职业者党员的数量不断增多，而党员队伍的文化层次、性别比例、年龄结构、社会地位、职业类别等方面差异明显。这客观上使社区党员教育管理面临差异化需求。但在社区党员教育管理机制中，很少针对这些差异化需求制定有针对性的措施与方法，这导致党员教育和组织生活质量不高，缺乏吸引力，效果不明显，在党员教育管理上出现了组织生活难开展、党费难收缴、联系难保持、表现难掌握的困境。

2. 社区党员管理体制滞后，管不到位

社区党员队伍结构的变化，导致社区党员管理体制对党员的管理不到位。比如，社区里的下岗党员，他们的组织关系大多归社区党组织，但再就业不在社区，形成社区党组织管人，而企业用人的管用分离现象；社区党组织拥有的社会资源比较少，对社区内的党员生活、工作中存在的子女入学、社会保障、住房等实际困难难以解决，在社区党员管理上形成人事分离现象；社区党组织与驻区单位共建机制不畅，导致驻区单位党员不愿参加社区党组织的活动，形成"八小时"党员现象，党员管理出现空白点；社区的一些退休党员不愿将组织关系转到社区，一些非公有制经济组织和新社会组织党组织建设不健全，但其党员又不能及时转接组织关系到社区，形成隐身党员现象等。这些问题对社区党员队伍管理造成了极大的障碍，对社区党员创先争优活动长效开展产生了严重的影响。

3. 教育方式创新不够，党员队伍发挥作用不明显

社会的快速发展带来的影响党员队伍也不能回避，一方面，人们的权利意识增强，更多的关注自身的切身利益，另一方面，社会价值观多样化，党员队伍在一定程度上也受到影响，面对一些负面的思想和现象，少数党员的党性修养弱化，个别党员为了获得利益而动摇甚至放弃了共产主义理想信念。社区党员队伍建设也同样面临着这个严峻的现实，因此，传统的党员队伍教育方式也就难以解决这个问题。在调研中可以看到，一些社区党组织对党员队伍的教育不到位，很大程度上是教育方式缺乏创新。在理论学习上照本宣科，还是传统的学文件、读报纸，难以联系实际问题进行分析和解读，理论学习缺乏吸引力；对现实生活中出现的问题采取回避的态度，不敢触及，党员教育缺乏说服力；除了基本理论灌输以外，党员教育载体创新不足，难以激发党员主动学习和自主学习积极性，党员教育缺乏活力等。这导致党员队伍整体素质难以明显提高，党员对创先争优活动的重要性认识不到位，难以积极参加争创活动。

（四）社区基层党组织创先争优长效服务机制不完善

创先争优活动的总体要求明确提出“在推动科学发展、促进社会和谐、服务人民群众、加强基层组织的实践中建功立业。”社区基层党组织和党员作为党联接和沟通群众重要纽带，更好的联系和服务群众，始终保持同社区群众的密切联系是创先争优活动的出发点和落脚点，必须探索完善服务机制，使创先争优活动能够真正服务于民。但是，乌鲁木齐部分社区基层党组织创先争优长效服务机制还不完善，不能真正实现服务于民的目标。

1. 服务理念缺乏，导致社区居民对社区基层党组织创先争优效果评价不高，不愿积极参与活动

当前社区群众的权利意识增强，越来越关注自身权益和利益的实现与保护；独立性增强，获取资源和信息的手段与方式多样化导致对党和政府的依赖性减弱；监督意识和法制意识增强，对党和政府提供的公共服务提出了更高的要求等等。为此，社区基层党组织必须要树立服务理念，以服务群众为工作重点。但是，在调研中，我们发现一部分社区党组织在开展创先争优活

动时，依然带有计划经济条件下的影子，更多的时候将人民群众置于被动接受的地位，很少从社区群众的实际需要出发开展工作，导致争创活动脱离群众，效果不明显，不但不能解决群众的实际困难和问题，密切党群关系，反而会造成党群关系疏远，不利于党组织在社区开展活动。

2. 服务社区群众的渠道不畅通

社区基层党组织和党员服务群众关键在落实，目前，乌鲁木齐一些社区服务群众的渠道不够畅通。比如，一些社区基层党组织缺乏社区民意反映机制，社区群众利益表达和意见收集渠道不畅，脱离群众，不能及时了解群众的意愿和诉求，工作缺乏针对性；一些社区基层党组织服务范围狭窄，服务方式落后，难以提供全方位的服务；一些社区基层党组织在群众就业、社会保障、法律援助等关系到群众切身利益的事项方面不能及时提供服务和帮助缺乏，群众满意度不高；一些社区基层党组织在维护社区群众民主权利，激发群众参与社区建设和创先争优活动方面缺乏有效的措施和途径，使社区群众的主人翁地位难以体现。

3. 党组织服务党员不到位

在调研中，有社区党支部书记说："党组织对社区党员的人文关怀太少。"这说明，党组织对社区党员的服务不到位，党员的组织归属感不强，难以主动发挥党员的先锋模范作用。比如，一些社区基层党组织单方面强调党员在创先争优活动中的义务和责任，但是对党员了解党内事务，表达合理诉求和利益，反映思想和生活存在的困难，对创先争优活动和社区建设提出意见和建议的知情权落实不到位，党员的主体地位难以实现；一些社区基层党组织理论工作薄弱，对党员在认识上遇到的困惑和问题，不能及时沟通解决，寻求解决办法，党员的学习需求难以满足；一些社区基层党组织对社区内困难党员帮扶不到位，不能及时解决其生活和工作上的困难，党员先锋模范作用更是难以发挥，组织的温暖难以感受；一些社区基层党组织民主氛围缺乏，党员作为社区党建的主体，其权利和地位无法实现，只是被动的执行和消极的参与，党员民主权利难以保障。

三、健全乌鲁木齐社区基层党组织创先争优长效机制的对策建议

党的十八大报告指出，要“以增强党性、提高素质为重点，加强和改进党员队伍教育管理，健全党员立足岗位创先争优长效机制，推动广大党员发挥先锋模范作用”。在健全创先争优长效机制过程中，要紧紧围绕党的十八大要求，结合建设学习型、服务型、创新型基层党组织的目标任务，总结争创活动前期形成的经验，联系乌鲁木齐社区实际，努力实现创先争优的常态化、长效化。

（一）围绕提高社区党员干部创先争优的素质和能力，健全学习培训长效机制

创先争优活动的主要内容是创建先进基层党组织、争当优秀共产党员，先进基层党组织的基本要求是，学习型党组织建设成效明显，出色完成党政规定的基本任务，努力做到“领导班子好、党员队伍好、工作机制好、工作业绩好、群众反映好”；优秀共产党员的基本要求是模范履行党章规定的义务，努力做到“带头学习提高、带头争创佳绩、带头服务群众、带头遵纪守法、带头弘扬正气”。而学习型党组织建设以“在全党营造崇尚学习的浓厚氛围，积极向书本学习、向实践学习、向群众学习，优化知识结构，提高综合素质，增强创新能力”[①]为目标，二者统一于全面提高党的建设科学化水平总体任务中。所以，乌鲁木齐社区党组织要围绕提高社区党员干部创先争优素质和能力健全长效学习机制，增强学习动力，激发学习活力，调动学习积极性，夯实创先争优的思想理论基础，使社区党员在争创活动中能够展示出思想上高度重视、行动上积极参与的先锋模范作用。

1. 加大宣传力度，营造浓厚的学习氛围，提高社区党员干部学习的自觉性和主动性

社区的发展日新月异，对社区党员干部的能力素质的要求也不断提升，

① 本书编写组. 党的十七届四中全会《决定》学习辅导百问［M］. 北京：党建读物出版社，学习出版社，2009（9）：10.

每位社区党员干部的思想认识、知识水平、能力素质如何，直接影响到其在创先争优活动中的状态和表现。要实现创先争优的常态化、长效化，首先从思想上解决认识问题、从能力上解决本领恐慌问题。要通过大力的宣传，引导社区党员干部提高学习的自觉性和主动性，在坚持完成本职工作任务的同时，注重学习，坚持向实践学习、向人民群众学习、向书本学习，形成浓厚的学习氛围，培养良好的学习习惯。

2. 健全学习培训长效机制，保障学习效果

在形成良好氛围的基础上，要以机制来保障学习持续有效进行。以“三会一课”为基础，建立定期理论学习机制，制定严格的理论学习计划，定期组织社区党员进理论学习，提高社区党员的理论水平和思想认识，并将学习情况纳入到党员民主评议、评优评奖中去。对社区党员领导干部建立定期轮训培训机制，针对社区党员领导干部在工作中遇到的问题和困惑，要明确轮训培训目的，完善轮训培训计划，保证学习质量，力争做到“缺什么补什么”，不断提高社区党员领导干部的思想认识和工作能力。健全党员干部自学机制，结合社区工作实际情况，指定自学书目，并通过民主生活会进行学习交流。要健全学习考核机制，社区党组织要根据社区党员的实际情况，以严格管理、区别对待为原则，建立学习档案，对其学习情况尤其是将学习成果转化为服务社区群众能力的效果进行定期考核，并将考核结果作为干部考核、人才选拔任用的重要依据。

3. 改革学习教育方式，创新学习内容，增强学习教育的吸引力

在健全学习机制的前提下，要根据社区党员的特点，改革学习教育方式，创新学习内容。改革学习教育方式要在坚持完善民主生活会、党课、党校或行政学院培训的基础上，针对社区党员结构复杂的现状，灵活利用现代技术手段，大力推进互联网学习、远程教育等新的方式；要将理论灌输与党员干部主动学习相结合，大力开展讨论式学习、现场教育、个人自学、参观考察、研讨交流等，增强党员干部在学习中的主体性。创新学习内容要在坚持对中共党史、中国特色社会主义理论、坚定理想信念、党章等基本内容学习的基础上，加强对形势政策、法律知识、专业技能等知识学习教育，拓宽社区党员的知识面，增强学习的实用性，提高党员队伍的整体素质和能力。

（二）围绕增强社区基层党组织和党员创先争优内在动力与责任意识，健全创先争优公开承诺长效机制

创先争优是基层党组织的一项基本任务和经常性工作，但创先争优又不仅仅是一句口号，它需要内在动力推动基层党组织和党员有实实在在的行动。而公开承诺机制通过亮出目标和党员身份，使基层党组织和党员的先进性由抽象变为具体目标和行动，有利于增强创先争优的责任意识；使广大群众可以对基层党组织和党员的工作与作风进行直接的监督，有利于激发创先争优的内在动力和践诺执行力。乌鲁木齐社区基层党组织根据中央和自治区的工作部署开展了公开承诺、领导点评、群众评议、评选表彰、典型示范等创先争优的措施和实践方式，但是，在调研中发现，社区群众最关注也最喜欢的创先争优措施和实践方式是公开承诺。大部分社区群众认为公开承诺作用很好，承诺事项明确具体实在，履行承诺积极兑现、效果好，很赞成通过公开承诺为群众办实事好事。所以，健全创先争优公开承诺长效机制是创先争优活动取得事半功倍效果的重要抓手和有力举措。

1. 完善公开承诺领导机制

区、街道办党工委、社区基层党组织三级要建立以“责任到人，任务明确，方案完善”为原则的创先争优公开承诺领导机制，为社区基层党组织和党员公开承诺的有效实现提供指导和保障。创先争优公开承诺领导小组成员要经常下社区调查研究，听取情况汇报，了解公开承诺实施状态和群众评价，定期讨论完善公开承诺机制。同时，要抓住主要领导创先争优联系点公开承诺机制建设这个关键，树立典型，发挥带头示范作用。

2. 完善创先争优公开承诺的具体操作细则

坚持以“突出先进性、保持纯洁性、提高针对性、增强可行性、注重实效性”为基本原则，完善创先争优公开承诺操作细则。第一，明确公开承诺的主体。创先争优活动是面向全党基层党组织和党员，公开承诺主体也应该是基层党组织和党员，社区也不例外，所以，社区基层党组织和党员创先争优公开承诺是全体党员参与，因此，要针对不同类型的社区和党员的特点与践诺能力划分公开承诺主体类型，明确其责任范围，确保社区每个党支部、

每个党员都参与到创先争优公开承诺中来，形成符合自身实际，但又切实可行的承诺方案。第二，完善公开承诺的内容，公开承诺的内容要立足于社区基层党组织和党员的工作职责，体现先进性与纯洁性，彰显创先争优的内涵。承诺内容要广泛征求社区群众意见，紧密联系社区实际，围绕社区基层党组织和党员的岗位职责、行业差别、重点工作、党风廉政、个人优势等体现出社区群众的所思所盼，凸显差异性，体现具体性，避免空话套话，雷同承诺，公开承诺领导机构对此应该严格把关，确保承诺内容的可操作性。第三，创新公开承诺方式。既是公共承诺，就应该使最大多数人知晓承诺内容，才能保证公开承诺的实际效果。社区基层党组织和党员要通过党员大会、橱窗、板报等传统宣传方式亮出承诺，同时，还要利用手机短信、微信、网络媒体等现代信息技术方式亮出承诺，主动接受群众监督，防止出现“有人承诺、无人管理、没有监督”的现象出现。

3. 完善创先争优公开承诺监督考评机制

完善的监督考评是推动创先争优公开承诺兑现的重要保障。首先要完善监督考评的标准，公开承诺事项大都是与社区群众生活密切相关的事项，所以，承诺兑现的实际情况在查看基本的文字材料和情况汇报的基础上，主要以社区居民的满意度调查作为公开承诺兑现状况的主要评价标准，引导社区基层党组织和党员为民服务。其次要加强日常监督，对社区基层党组织和党员的公开承诺实行动态管理，制定践诺的具体时间表，定期对公开承诺兑现的进度进行监督检查，督促社区基层党组织和党员认真践诺，对于践诺不认真或者应付了事的及时提醒和教育，对于认真按照计划践诺的进行表扬和鼓励。再次对公开承诺最后要运用好公开承诺监督考评结果，制定严格的监督考评标准，对于不能按期完成公开承诺内容的社区基层党组织和党员要进行问责和处理，并将监督考评结果予以通报，同时，将公开承诺监督考评结果作为党员民主评议、干部选拔任用、评优评奖的重要依据。最后要建立公开承诺反馈机制，在对公开承诺严格执行和监督的基础上，形成反馈机制，对前期公开承诺践行到位、社区群众满意的地方要认真总结经验和方法，对群众不满意的地方要认真反思，提出整改措施并予以公布，广泛征求群众意见，及时改进，通过这样反复的修正和完善，确保创先争优公开承诺最终能为社区群众办实事、办好事，真正实现党员争优秀、群众得实惠的目标。

（三）围绕提高社区基层党组织和党员服务群众的能力和水平，健全创先争优服务群众长效机制

服务社区群众是社区基层党组织和党员创先争优活动的出发点和落脚点，当前，社区的发展变化，对创先争优服务群众的服务理念、服务方式、服务质量都提出了新的更高要求。社区基层党组织和党员在创先争优中服务群众，要以强化凝聚、服务功能为目标，发挥好政治引领、总揽全局的作用，整合社区服务资源，协调不同利益主体的矛盾，构建完善的创先争优服务群众体系。

1. 要树立以人为本、统筹整合的服务理念，增强社区党组织的凝聚力和向心力

社区群众构成复杂，人们的思想观念和权利意识也不断增强，不断地关注和维护自身的利益，每个个体的独立性愈加增强，民主权利意识不断觉醒，政治参与热情不断高涨，对社区党组织和党员的服务给予更高的期望。所以，社区党组织和党员在创先争优服务群众过程中，首先要贯彻落实科学发展观，树立以人为本的理念。既要不断实现好、维护好、发展好社区群众的根本利益，又要建立健全利益诉求表达和权利维护机制，充分尊重和实现社区群众作为社区建设主体的地位与作用，增强其“主人翁”意识，激发其参与社区服务和建设的积极性、主动性。同时，结合社区外来人口不断增多，社区人员流动性增大，社区内的非公有制经济组织和社会组织发展迅速，社区基层党组织工作面越来越宽，工作任务越来越重，工作交叉性越来越大的现状，社区基层党组织必须从大局着眼，站在更宽广的视角，以更开放的思维，充分发挥组织优势和政治优势，探索多元化的途径，统筹整合社区内的各种资源，努力实现组织资源同社会资源的互动，整体推进服务社区群众的工作。

2. 探索创新创先争优服务群众运行机制，提高社区基层党组织和党员服务群众的能力

第一，构建社区党组织与辖区内单位共建共享机制，多渠道整合服务群

众的资源。通过确立社区建设共同目标，营造良好的共建氛围，发挥党员的先锋模范作用，并出台相关政策，说服、引导、鼓励社区居民及单位积极参与社区建设。要构建共建协调协商机制，社区党组织要根据社区内驻区单位、社会组织、非公有制经济组织、居民等各自的特点，为其提供个性化的服务和支持，以增强自身影响力，同时，建立完善社区党建工作联系会议等机构，与驻区单位和组织协商共建，形成合力，实现资源共享。第二，完善服务群众的相关制度。要以创先争优为载体，规范和完善党员服务群众的制度标准，建立党员责任区、党员服务区，党员志愿者队伍，明确服务群众的方式、方法、内容任务、具体效果。要健全党员联系群众制度，深入了解群众的所思所盼，准备把握群众思想动态，及时解决群众在生活中的困难和问题，真正做到密切联系群众。第三，探索社会化服务方式，提高服务效率。以信息化为平台，构建社会化服务网络，积极开发区、街道和社区服务功能，引入市场机制，整合利用社区居民、物业管理、民间组织、志愿者队伍等社会资源，形成社会化服务格局，拓展服务外延，完善服务功能。

（四）围绕激发社区党员队伍创先争优的活力，完善社区党员队伍管理、激励、关怀长效机制

党员是党的组成细胞，是党的建设的主体，创先争优活动实现常态化、长效化的基础就在于尊重党员主体地位，理顺党员管理机制，实现党员民主权利，增强党员对党组织的认同感、归属感和荣誉感，激发党员队伍内在活力。乌鲁木齐社区基层党组织和党员开展创先争优活动，必须结合社区党员队伍构成复杂、社区工作任务繁重等现实状况，健全完善社区党员队伍管理、激励、关怀机制，增强社区内各类党员的组织纪律性，激发其积极性和主动性，为创先争优活动持续开展提供不竭动力支撑。

1. 健全社区党员分类管理模式，强化党员队伍的组织纪律性

社区中的党员身份复杂，对他们的管理应该结合不同的身份进行分类管理。在职党员实行单位和社区协同管理，以“组织管理依托条、活动管理依托块”为标准，建立单位和社区对在职党员协同管理制度，引导在职党员积极参加社区建设和活动，并将其在社区的表现和评价反馈到所在单位，作为

单位对其民主评议、提拔任用、评奖表彰的依据。退休党员以社区党组织直接管理为主，社区党组织要动员和帮助退休党员将组织关系转入社区，并从多方面关心、关怀其生活，尊重他们的意见，激发其参与社区建设的积极性，真正使其老有所为。流动党员要灵活管理，由于流动党员的不稳定性，决定了对其管理不能是单打一的方式，要采取灵活动态的方式，将流出地管理、就业单位管理和社区管理相结合，使其在社区党组织中找到归宿感，调动他们参与社区建设的主动性。下岗党员要依托社区现有服务组织建立临时党支部进行组织管理，多渠道帮助他们进行就业技能培训，努力为他们创造再就业和创业的机会，解决其生活困难问题。非公有制经济组织和社会组织的党员要以街道党工委为主体，通过建立联合党支部、党建联络站等方式进行联合管理，提高组织对党员的凝聚力，提升非公有制经济组织和社会组织管理党员水平。

2. 健全社区党员队伍激励机制，激发党员队伍的活力

党员队伍激励机制主要是以尊重党员主体地位，体现党员在创先争优活动的价值体现为目标，因此，可以从三个方面着手：第一，完善社区党内基层民主机制，保障党员民主权利的实现，增强其党员身份的认同感。社区基层党组织要围绕尊重党员主体地位，确保党员的知情权、参与权、选举权、监督权等基本民主权利有效实现，在社区事务决策、党员发展、干部考察等方面完善党员参与机制，认真听取和尊重党员意见与建议，充分体现社区党员作为创先争优活动主体的地位和作用。第二，加强党性教育，坚定理想信念，增强社区党员创先争优的精神动力。创先争优活动以基层党组织和党员坚定的理想信念作为精神动力，同时，又要在创先争优的过程中进一步坚定理想信念，充分发挥基层党组织和党员的先锋模范作用。社区党员队伍构成复杂的现实更需要加强党性教育，坚定理想信念。将党性修养和理想信念教育作为社区党员教育培训的基本内容，引导其树立坚定的信仰，增强其履行党员义务，行使党员权利的使命感和责任感，深刻认识创先争优活动的重要意义。组织党员参与志愿者活动、联系帮扶困难群众活动等，以实际行动体会党员身份的深刻内涵，激发其创先争优的积极性。推行党员“政治生日”纪念活动，通过重温入党誓词、组织谈心谈话等方式，将创先争优的公开承

诺、领导点评、群众评议等融入到党员“政治生日”纪念活动中去，增强其党员身份的认同感，提高创先争优的责任感。第三，选树先进典型，形成正确的导向机制，激发社区党员创先争优的持续活力。社区基层党组织要以贴近群众、贴近生活、贴近实际为原则，对在创先争优活动中表现突出的党员要定期进行评选表彰，给予一定的物质奖励和荣誉称号，并将评选表彰结果同党员民主评议、干部选拔任用等挂钩。同时，以社区宣传栏、板报等传统宣传方式为基础，充分利用社区文艺工作队、党员 QQ 群、社区网络等方式大力宣传先进典型，形成学先进、赶先进的浓厚争创氛围。

3. 健全社区党员关怀帮扶机制，增强党员的组织认同感

乌鲁木齐社区党员创先争优活动中为促进民族团结、维护社会稳定、构建和谐社会作出了重大贡献，同时，对社区党员队伍也应该从精神和物质层面建立关怀机制，这有利于进一步切实保障党员权利，发挥党员的先锋模范作用，增强社区党组织的吸引力、凝聚力和战斗力。第一，建立困难党员动态关怀帮扶机制。社区基层党组织要对自己辖区内的党员基本情况进行全面的了解掌握并登记造册，对因各种客观原因造成生活、工作方面遇到困难的党员进行分类管理，按照不同的困难情况制定相应的关怀帮扶措施，跟踪关怀帮扶，定期进行回访，及时了解和掌握党员的状态。对主观认识错误，存在“等、靠、要”思想的党员通过组织谈话、教育引导等方式帮助其树立正确的价值观念，化解思想认识障碍，鼓励其通过自身努力解决生活工作中的困难。第二，搭建党员服务平台，形成凝聚党员的机制。以党员活动站（室）为核心，开展党员培训，建设党员理论学习、文体活动、情感交流场所，丰富党员业余生活，及时了解党员的思想动态和精神需求，从思想上对党员进行人文关怀，使其感受到组织的关心和温暖。

（本文系 2012 年度自治区党校（院）科研项目成果）

乌鲁木齐社区基层服务型
党组织建设调查研究

【摘要】党的十八大提出要建设“学习型、服务型、创新型”马克思主义执政党，并要求“以服务群众、做群众工作为主要任务，加强基层服务型党组织建设”。这是党的执政方式和执政理念的重大转变，是新的历史条件下密切党群关系的重要举措，是夯实党执政的群众基础和组织基础的重要任务。鉴于乌鲁木齐是新疆的首府，对新疆社会稳定和长治久安总目标的实现具有至关重要的作用，我们选择了乌鲁木齐社区基层服务型党组织建设为研究对象。通过实地走访调研，着重对乌鲁木齐社区基层服务型党组织建设的具体做法进行分析总结，对存在的问题和不足进行归纳，并结合实际，提出改进的对策建议，以期为乌鲁木齐乃至全新疆社区基层服务型党组织建设提供一定的帮助。

基层服务型党组织，是以践行党的宗旨为根本，以服务群众、做群众工作为主要任务，不断增强服务意识、提高服务能力、提升服务成效，着力协调和解决基层存在的突出问题和矛盾，密切党群关系，巩固党执政的群众基础和组织基础，实现推动发展、服务群众、凝聚人心、促进和谐目标的党组织。建设基层服务型党组织是马克思主义政党本质属性在实现好、维护好、发展好最广大人民群众根本利益上的具体体现；是党的执政理念的升华和执政方式的重大转变；是对基层党组织功能和定位的新认识，落实全面从严治党要求的基础性工作。因此，我们要从巩固党的执政地位的高度认识和理解基层服务型党组织建设，把握住服务群众、做群众工作的主要任务，找准基层服务型党组织建设的着力点，强化服务的思想政治性、整体性、针对性和精准性，不断提高服务能力和水平。乌鲁木齐社区基层党组织处在维护稳定、促进民族团结、服务群众、处理协调基层矛盾的一线，是社区稳定的领导核心，是维护社会稳定的根本组织保证，对新疆社会稳定和长治久安具有十分重要的意义。为此，我们选择乌鲁木齐一些典型社区，对基层服务型党组织建设情况进行了调研，希望从中总结提炼出乌鲁木齐社区基层服务型党组织建设的具体做法，提出改进的对策建议，对全疆社区基层服务型党组织建设提供借鉴和参考。

一、加强乌鲁木齐社区基层服务型党组织建设对实现社会稳定和长治久安总目标的重要意义

乌鲁木齐市作为新疆维吾尔自治区首府，是全疆政治经济文化中心，是连接亚欧大陆和向西开放的重要门户。根据第六次人口普查，全市共有 311 万常住人口，其中少数民族 78 万多人，截至 2014 年，全市共有 839 个社区。从人口分布特点来看，乌鲁木齐绝大部分人口都居住在城市，具有典型的“大城市、小郊区”的特点。乌鲁木齐在全疆的重要地位及其人口构成特点，都决定了社区基层服务型党组织建设在乌鲁木齐实现社会稳定和长治久安进程中的作用至关重要。

加强乌鲁木齐社区基层服务型党组织建设，有利于提高乌鲁木齐社区基层党组织维护社会稳定和长治久安的凝聚力与号召力；有利于提高乌鲁木齐社区党员干部服务群众的能力水平，密切党群关系，夯实社会稳定和长治久安的群众基础；有利于增强社区党员的党员意识和归宿感，充分发挥党员在是社会稳定和长治久安进程中的先锋模范作用；有利于在全疆社区基层服务型党组织建设中发挥引领、示范作用。

二、乌鲁木齐社区基层服务型党组织建设具体做法

（一）以社区“四化”建设为载体，夯实社区基层服务型党组织建设的基础

2009年“7·5”事件暴露出乌鲁木齐在社区建设和管理方面的问题，迫切需要创新社区管理和服务模式，以维护社会稳定，实现长治久安。经过探索，2013年1月，乌鲁木齐决定推广“庭院化管理、网格化覆盖、社会化服务、数字化支撑”的社区“四化”建设。这对社区基层党组织的领导水平、群众工作能力、党员先锋模范作用发挥、服务群众机制等提出了新的要求。

一是从思想高度重视社区基层党组织作用的发挥。乌鲁木齐探索社区“四化”管理和服务模式，采取了高位推动的思路。市委高度重视，强调这是强基固本的重大举措，是实现社会稳定和长治久安的基础性、战略性工作。坚持书记抓、抓书记，把社区“四化”建设作为社区党建工作的重要内容，纳入基层组织建设“联述联评联考”中去，并将任务和责任层层分解到人头，强化落实。因此，要求社区基层党组织必须要有较高的理论政策水平，能够理解和把握社区“四化”建设的重大意义；必须要有较强的执行能力，能将社区“四化”建设的具体措施落实到位；必须具有较强的资源整合能力，能有效激发驻区单位和社区居民参与社区建设的积极性、主动性；必须要加强党员队伍的教育管理，能充分发挥党员在社区建设中的榜样示范作用等。通过推进社区“四化”建设，乌鲁木齐市委、各区（县）委、管委会、社区党组织自身等都在思想上充分认识到社区基层党组织的重要地位和功能，高度重视社区基层党组织建设和作用的发挥，这为乌鲁木齐社区基层服务型党组织的建设打下了坚实的思想基础。

二是加大投入，实现社区“十有”，夯实社区基层服务型党组织建设的物质基础和人才基础。乌鲁木齐近年来加大对社区建设的财政投入和人才引进，社区基本实现了“有人员、有编制、有阵地、有经费、有食堂、有警务室、有巡逻车、有高配待遇、有文化活动中心、有管理考核制度”，在解决社区基层党组织维护稳定和服务群众“硬件”问题的同时，提升了社区基层

党组织维护稳定和服务群众的“软实力”，真正把社区变成了居民的“家”。既夯实了社区基层服务型党组织建设的物质基础与人才基础，也提升了社区基层党组织的群众工作能力和服务水平。

三是进行了服务群众机制改革探索，一定程度上奠定了社区基层服务型党组织建设的制度基础。在推进“四化”进程中，部分街道社区为了改善民生、服务群众，对服务群众的机制进行了探索。首先是一些街道设置了一站式办事大厅，简化办事程序，实现行政审批、公共服务、社会管理等“一站式”服务，探索推进“预约服务”、“全程代办”、“错时办理”等多种工作机制。其次，建立联系和服务群众工作机制。通过发放便民联系卡、公示栏公示等方式公开社区包片干部责任区和联系方式，方便居民咨询或反映问题；建立社区微信群、QQ 群等，及时发布社区工作信息，使居民及时享受到社区的“微服务”。再次，各社区结合自身特点，建立独具特色的志愿者服务机制、“两代表一委员”工作机制等服务群众的机制。这些探索为推进社区基层服务型党组织建设奠定了制度基础。

（二）创新社区建设理念，增强社区党组织凝聚力

近年来，乌鲁木齐社区基层党组织在实践中逐步转变工作理念，从以行政管理工作为主转向服务群众为主，拓宽社区服务群众的渠道，创新服务群众的方式，激发群众参与社区建设的积极性，将社区打造成居民共同的家园，增强社区的凝聚力和亲和力，为乌鲁木齐社会稳定和长治久安凝聚力量。

高新区卫星路社区党支部就以“打造家园文化，共建卫星路社区大家庭”为主题，根据社区居民的诉求，设置了服务未成年人的“橄榄枝家园”、服务贫困群体的“爱心巴扎家园”、服务驻区单位的“共驻共建家园”、服务残疾人居民的“苹果树家园”、服务老年人的“暖心家园”。卫星路社区党支部关于以服务为核心，建设家园文化的社区建设理念的创新和探索，产生了良好的社会效益，也带动了其他社区在社区建设理念上的转变和发展。比如乌鲁木齐经济技术开发区（头屯河区）平安社区提出“打造宜居家园”。通过加强社区治安，打好“平安”牌、优化社区服务，打好“暖心”牌、丰富

社区活动，打造“乐民”牌等多种措施，努力将社区建设成宜居家园，得到了社区居民的一致好评。

乌鲁木齐社区基层党组织在社区建设理念上的重大转变和突破，让社区基层党组织的功能回归到服务居民的本位上来，发挥社区力量，合理配置社区资源，不断提高居民生活质量，社区基层党组织的政治领导地位得以体现，增强了凝聚人心、服务群众、维护稳定的作用，为乌鲁木齐社会稳定和长治久安凝聚了坚实的群众力量。

（三）拓展宣传渠道，加强对社区居民的教育引导

社区居民的宣传教育引导是做好社区工作的重要基础，乌鲁木齐社区基层党组织对创新社区宣传教育工作进行了探索，努力实现“到人、管用、有效”的目标。一是开办社区广播，用通俗易懂的语言及时宣传相关政策、社区的发展变化等。乌鲁木齐金阳社区在2009年8月就开通了广播，并从2012年4月20日起，将广播升级，每晚19点准时播报新闻及民生信息，帮助社区居民了解党和国家的方针政策、惠民措施和社区工作动态。2013年7月，乌鲁木齐市广电局吸收和借鉴金阳社区等其他社区探索的经验，在水磨沟区斜井西社区投入6.5万元，帮助社区党支部设立社区广播室，开通了正式的社区广播，让社区居民能随时了解和掌握国家大事、身边小事，缩短了社区与居民之间的距离，提高了服务群众的效率，增强了社区党支部与群众的联系。二是创办社区宣传报，满足社区居民的精神文化需求。旭东社区党支部结合社区居民文化层次较高的特点，创办了独具特色的《和谐旭东报》，每个月一期。报纸开设了政策解读、民族团结、社区信息、文学等专栏，对方针政策进行宣传解读、对社区工作进行分析总结、刊登社区工作者和居民的诗歌散文。报纸免费发放给社区居民，社区居民对这份属于自己的报纸给予了很高的评价，社会反响良好。三是社区党支部充分发挥“访惠聚”工作组的优势，开展大宣讲。2014年是新疆开展“访惠聚”活动第一年，社区党支部抓住有利时机，充分发挥“访惠聚”工作组的理论优势，通过入户走访、集中宣讲等方式对群众进行正面宣传和教育，教育引导群众认清非法宗教活动和极端宗教思想是暴力恐怖活动的根源，民族团结是新疆各族群众的

生命线。四是开展丰富多彩文体活动，发挥现代文化引领作用。旭东社区党支部充分利用社区阵地，将辖区内的文艺爱好者组成包括舞蹈、书法、象棋、合唱、绘画等9支志愿者队伍，定期进行培训、演出，丰富居民精神文化生活，帮助他们培养积极向上的生活理念和方式。

宣传方式的创新，一方面，加强了对党和国家方针政策的宣传，尤其是有关新疆社会稳定和长治久安重大决策部署、新疆发展形势等内容的宣传，使社区居民科学认识当前的稳定形势，坚定建设美好新疆的信心。另一方面，充分发挥现代文化引领作用，凝心聚力，让广大社区居民充分展示自身价值，融入社区建设，积极参与社区事务，构建和谐社区。

（四）充分发挥社区党员队伍服务群众的作用

为了更好地发挥社区党员在基层服务型党组织建设中的先锋模范作用，乌鲁木齐相关社区结合实际进行了思考和实践，在一定程度上解决了社区党员作用发挥不足的问题，有效地推进了基层服务型党组织建设。一是对党员实行分类管理，充分发挥社区中每一名党员的作用。达坂城盐湖街道党工委结合辖区内党员队伍的构成特点，将党员分成在职、无职、流动、困难四类，创设了党员分类管理制度，采取对在职党员设立先锋岗，为无职党员安排力所能及的服务岗、对流动党员进行跟踪管理服务，结对帮扶困难党员等措施，激发党员服务群众，发挥作用的积极性和主动性。水磨沟区虹桥社区党支部则通过分类管理，构建服务党员和发挥党员作用的载体和平台。对退休党员采用单位管理和社区党支部共同管理的双重模式，退休党员可以参与单位党组织的活动，也可以参加社区党组织活动，引导退休老党员积极参与社区建设，充分发挥自身余热；对下岗党员实行“帮带管理”，对下岗失业党员进行登记，免费为其提供技能培训，推荐就业岗位，为再就业党员提供政策和维权知识培训，并建立社区直管党员联系下岗失业党员制度，通过一名直管党员帮带几名下岗失业党员，帮助其解决生活和工作困难；对流动党员实行“双找管理”，充分利用数字化社区建设入户信息登记采集机会，开展党组织找党员、党员找组织活动，准确掌握辖区内流动党员的基本情况，引导他们主动亮明党员身份，鼓励他们积极参与社区党组织活动和志愿服务；对在职党员实行“协同管理”，社区党支部与辖区单位定期开展“党员奉献日”活动，组织在职党员与社区直管党员为弱势群众提供帮扶、关爱、维权等服务，并在社区内为在职党员设立先锋岗，引导他们积极参与社区与驻区单位共建工作。二是多渠道加强社区党员教育管理，提升服务群众能力。安宁渠镇宁华社区党支部对社区党员采取了“抓管理，强化责任意识；抓学习，强化服务能力；抓廉政，强化廉洁意识”的“三抓三强”措施，不断提升社区党员服务群众能力和水平。卫星路社区党支部则在社区党员学习上进行了创新，社区党支部严格落实“三会一课”制度，每周三下午由社区党建服务站组织社区党员进行学习，并要求社区每个站室的党员轮流讲党课，以教促学，不断提升社区党员的理论水平和政治素养。沙依巴克区红庙子街道头宫社区党支部则将社区党员现代远程教育室面向社区党员开放，方便他们及时学习和掌握相关政策，为党员教育培训提供了新的渠道和阵地，深受社区党员欢迎。三是发挥党员作用，深入开展社区居民思想政治教育工作。天津路社区党支部利用社区工作人员开展“四知四清四掌握”入户走访工作时机，积极对居民进行面对面的交流，及时向居民宣传解释党的路线方针政策和国家的法律法规，教育引导广大居民正确认识新疆的发展成绩以及维护民族团结和社会稳定的重要性；认真落实党员服务承诺制、党员联系群众制度，积极帮助社区居民解决实际困难，赢得社区居民对党支部的认可和支持；开展党员“亮身份”活动，党员在开展工作时均佩戴党徽，主动接受群众监督，增强党员的归属感和荣誉感，激发他们服务群众的自觉性和主动性。

乌鲁木齐社区基层党组织对党员队伍作用的发挥所进行的探索和实践，较好地解决了社区党员管理难、作用发挥难的问题，激活了社区党员，增强了他们的责任意识和党员意识，有利于充分发挥他们的模范带头作用，夯实乌鲁木齐社区基层服务型党组织建设的组织基础。

（五）多措并举加强社区基层党组织干部队伍建设，提高服务群众的能力

社区基层党组织干部队伍是建设基层服务型党组织的主要力量，其能力素质的强弱，直接决定了党和国家的惠民政策的落实程度，决定了群众对社

区工作满意度的高低，决定了建设基层服务型党组织目标实现与否。乌鲁木齐市委及各社区对此都进行了有益的探索，既调整宏观政策，又从微观上进行改进，全方位加强社区基层党组织干部队伍建设，提高服务群众的能力。一是乌鲁木齐市委着眼于社会稳定和长治久安，严格落实维稳责任，树立“三个不吃亏”的用人导向，坚持“政治强、能力强、作风强、心力强”的标准，注重品行，大力从社区基层一线选拔干部。以天山区明华街党支部书记周惠为例，从2010年社区成立起，就带领班子经过艰苦细致的工作，解决了社区的基础设施建设、困难群众的帮扶等问题，并率先在全疆实施了“数字化”社区建设，得到了群众的高度认可。2014年，周惠被选调至乌鲁木齐市发改委任经济体制综合改革和法规处处长。二是事业单位人员招考改革委从基层遴选。从2013年起，乌鲁木齐市、区两级事业单位管理岗位空缺后，一律从基层遴选。截至2014年底，已遴选了303名优秀社区工作人员到市区事业单位工作，产生了良好的社会示范效应，激发了社区党支部干部的积极性。三是明确社区党支部书记、居委会主任职级待遇。全市目前共有583名社区书记主任享受正科级、副科级待遇，较好地解决了社区书记主任的政治发展问题，增强了他们工作的动力。四是开展双向任职交流活动，丰富社区书记主任的工作经历，增强社区工作力量。乌鲁木齐在全市开展了市属部门单位干部、优秀社区书记主任双向交流任（挂）职工作，先后选拔多名优秀社区书记主任到市属部门单位任中层领导，并下派多名市属部门干部到街道、社区任（挂）职。五是实施社区非在编人员纳编工作。乌鲁木齐出台相关政策，将社区表现突出的非在编人员，通过业绩考核、群众测评和考试等方式，到2014年底，全市已将2400余名社区非在编人员转为正式的事业编制，吸引了一批大学毕业生志愿走入社区工作，壮大了社区干部队伍，提高了社区干部的整体素质。六是社区党支部加强干部学习培训，不断提高素质能力。通过选拔社区在编大学生干部参加自治区普通高校毕业生赴援疆省市培训计划、“双语”学习、远程教育等方式，不断提高社区在编干部的理论素质和工作能力。光明南路社区先后选派了10名在编干部，参加了自治区普通高校毕业生赴援疆省市培训计划。社区书记南海评价说：“这些干部创新意识强，为其他工作人员树立了榜样。”天山区作为自治区党委组织确定的“自治区少数民族聚居街道社区双语学习培训工作试点区”，采取集中培训和街道培训为中，远程教育和自学为辅的培训方式，开展街道、社区干部“双语”培训，提高社区干部的语言沟通能力。七是探索社区干部互帮机制，提高工作能力。高新区卫星路社区党支部结合社区新进员工较多，业务不熟悉的特点，在干部队伍建设中实施了“师徒制”，由一名老员工与二至三名新进员工结对子，进行业务上的“传、帮、带”，帮助新进员工尽快熟悉社区情况和负责的业务工作，对帮扶效果进行考核，并将考核结果纳入到年终绩效考核评比中，通过“师徒制”，既让新员工快速融入社区工作，又督促老员工不断提高和改进自身的工作能力。

乌鲁木齐通过正确的用人导向、合理的干部选拔政策、有效的干部培训等措施，探索出一条加强社区基层党组织干部队伍建设的新路子，既激发了现有干部队伍服务群众的活力，又增强了社区工作的吸引力，为建设社区基层服务型党组织奠定了较好的干部基础。

（六）探索建立服务群众机制，实现社区党支部服务群众常态化

社区基层服务型党组织建设最根本的是能够及时总结实践经验和有益做法，并将其上升为机制，实现服务群众制度化、常态化。乌鲁木齐相关社区基层党组织对此进行了一定的探索。

一是建立“两委员一代表”入驻社区服务群众机制。以立井北社区党支部为例，在社区设立专门的“两委员一代表”工作室，将辖区内的人大代表、党代表和政协委员请进社区，定期举行与社区居民的见面会、座谈会，及时听取群众的意见建议，并通过相关途径尽力解决群众反映的问题和困难。二是推行“角色互换”制度，主要做法包括：邀请社区内的老党员、老干部等到社区党支部担任书记或主任一至两周，帮助社区党支部站在群众的角度决策和服务，不断完善社区党支部服务群众工作；推行社区党支部工作人员两两一组担任书记和主任，处理社区日常事务，充分调动社区工作人员的积极性，帮助他们培养大局观，提高处理复杂问题的能力。目前，立井北社区、赛马场东社区、开发区（头屯河区）的社区等都建立了“角色互换制度”。三是建立社区业务“当日结”制度，确保社区内的事务当日结、事事

清，提高服务群众的效率。胜利路街道湖源巷西社区就通过开展居民预约办理业务、上门服务、延时服务、错时服务等措施，建立了社区业务“当日结”制度，极大的方便了辖区居民办理业务，赢得了群众的好评。四是建立网格化服务制度，实现社区党支部服务群众的全覆盖和精细化。乌鲁木齐市对全市的居民区、楼宇、街区和企事业单位等科学的划分为地缘型、单元型、单位型网格，并建立网格党组织和楼栋（院落）党小组，努力扩大党组织的覆盖面。在此基础上，以社区党支部为领导，由社区“两委”成员、党员干部、后备干部等担任网格小组长，配齐每个网格的协助员、联防员、调解员等，建立起社区党组织、网格管理服务员、楼栋（院落）长、单元（十户）长、信息员“五位一体”的立体化、全方位服务群众机制。五是充分发挥信息技术优势，建立数字化管理平台。乌鲁木齐社区工作任务繁重，仅靠人海战术难以应付，为此，许多社区充分借助信息网络技术，推广二维码、微信、微博等服务，构建起便捷的沟通交流渠道。黑甲山片区管委会投入 12 万元在 12 个社区推广二维码数字化服务管理平台工作，为片区 2270 套出租房屋定制了每户专属的二维码，包户干部通过安装在手机上的软件扫描二维码，实现对该房屋流动人口信息的实时更新。数十个社区开通了手机微信，将社区业务流程、社区联系方式和社区工作人员的联系方式通过微信的点对点、点对群功能迅速传播，方便群众办事。目前，乌鲁木齐已经在全市社区推广数字化管理平台，不断提高社区党支部在信息网络时代利用现代科技服务群众的本领。

乌鲁木齐市通过艰苦的努力和求真务实的实践，结合自身的特点，以“四化”建设为基础，从社区工作理念创新、宣传引导群众、干部队伍建设、党员作用发挥等多方面，探索符合乌鲁木齐城市社区实际工作需要的基层服务型党组织建设，在全疆发挥了引领示范作用。

三、乌鲁木齐社区服务型党组织建设存在的不足与对策建议

乌鲁木齐社区基层服务型党组织建设形成了一些独具特色的做法，但

是，通过走访调研，发现乌鲁木齐作为一座民族成分复杂，流动人口较多，维稳任务艰巨的城市，社区基层服务型党组织建设还存一些问题和不足。一是社区党支部承担行政事务过多，一定程度上成为政府职能部门的办事机构，权责不一致，定位不清晰；二是社区党支部干部队伍建设上，存在干部流动性较大，队伍不稳定、机关和社区干部交流力度不大、社区党支部书记的培训不够、社区干部的待遇和付出不成正比等问题；三是社区党员队伍建设存在在职党员进社区工作进展不大、社区居民党员难以组织、党员队伍整体素质不高等问题，党员服务群众的作用发挥不明显；四是存在社区党支部非事业单位编制纳编考试方式、“四化”建设、社区党支部与驻区单位共驻共建等需要进一步完善的问题。

针对这些问题和不足，根据中央《关于加强基层服务型党组织建设的意见》和自治区党委《关于围绕社会稳定和长治久安开展基层服务型党组织创建活动的意见》的要求，结合乌鲁木齐社区基层服务型党组织建设现状，我们试图提出一些对策和建议。

（一）以理顺关系、明确职责为目标，强化社区基层党组织中心工作

1. 以街道为单位建立社会事务办理大厅，全面推行一站式服务，减少社区基层党组织承担的行政事务

建议以街道为单位，全面建立一站式服务大厅，将社区党支部所承担的类似社会保障、计划生育、卫生防疫、社会救助、结业帮扶等行政事务，交由相关职能局集中办理，社区党支部负责协助支持。从而整合资源，提高效率，方便群众，将社区党支部从繁重的行政事务中解放出来，回归社区本职工作，专心做好服务群众和维护稳定的中心工作。

2. 制定社区党支部工作制度，明确社区的职责权限

建议相关部门尽快出台类似《社区行政事务准入制度》《社区党支部工作职责》等制度规定，明确社区党支部的服务群众和维护稳定的职责范围与主要工作内容，使社区党支部的工作有的放矢，强化服务和维稳职责，改变社区党支部“万金油”的形象，突出工作重点。

3. 规范各类考核评比，并形成制度，防止反弹

近年来，自治区和乌鲁木齐市都在反复强调要减少评比，为社区减负，但在为社区减负的同时，相关部门又在变着花样加负，很多评比都“换汤不换药”，并没有真正让社区党支部的负担减少。在调研中甚至发现让人啼笑皆非的案例，在创建国家卫生城市过程中，个别部门要求社区党支部消灭老鼠，并要进行检查。其中一条检查标准就是“所消灭的老鼠上报时必须写明老鼠的性别”，让社区党支部无所适从。为此，建议在将社区党支部从行政事务中解脱出来，并明确职责的基础上，以服务群众和维护稳定为中心，以促进社区基层服务型党组织建设为目标，以科学合理、便捷可行为原则，规范社区党支部各类考核评比，并将其制度化，防止反弹。

（二）以组织覆盖、提高能力为根本，完善社区基层服务型党组织建设的组织体系

1. 加强社区非公有制经济组织和社会组织党组织的建设，实现组织全覆盖

社区党支部要加大对辖区内非公有制经济组织和社会组织党建工作的力度，通过选派党建工作指导员、建立联合党支部、“托管”党员等方式，实现党组织的全面覆盖。在规模较大的非公有制经济组织和社会组织中，设立党支部和党小组，缩小党员管理半径，拓宽党组织工作的覆盖面，确保社区党支部的工作没有空白，增强非公有制经济组织和社会组织党员的归属感和荣誉感，激发他们参与社区服务型党组织建设的积极性。

2. 完善党员队伍教育管理体制，充分激发党员服务群众的积极性

社区党员管理要坚持属地化管理和单位管理相结合的原则，着眼于服务群众和维护稳定，加强社区党支部对党员的教育管理。一是结合实际，创新社区党员教育模式。在教育内容上，针对社区不同党员的特点，分层次、有重点地对党员进行教育；教育方式上，以既有的灌输方式为基础，将文体活动、医疗卫生服务、治安巡逻等党员志愿者队伍与党员的教育相结合。二是党员管理上要坚持分类管理。在职党员实行单位和社区协同管理，退休党员以社区党组织直接管理为主，流动党员要灵活管理，下岗党员要依托社区现有服务组织建立临时党支部进行管理，非公有制经济组织和社会组织的党员

要以街道党工委为主体，通过建立联合党支部、党建联络站等方式进行联合管理。

3. 加强社区基层党组织干部队伍建设，提高领导能力和群众工作能力

社区基层党组织干部队伍建设，选拔优秀人才是根本，教育培训是重要途径，管理监督是保障。一是把好入口关，多渠道选人用人。要树立正确的选人用人导向，通过公开招聘、民主推荐和组织考察引导和个人自愿等方式选聘思想政治坚定、工作作风过硬、能力素质强、具有奉献精神的人才充实到社区干部队伍中去，同时，要注重选拔优秀的少数民族人才到社区工作，发挥他们在维护社会稳定、促进民族团结方面的重要作用。二是重视教育培训。要丰富培训内容，加强对马克思主义和中国特色社会主义基本理论、党史、党性修养、社区党建工作专业知识和“双语”等培训；要改革培训方式，将脱产培训、在职学习、个人自学等方式综合运用，有效提高社区党支部干部队伍学习的积极性和有效性。三是加强对社区党支部干部队伍的管理和监督。要从维稳、发展、民生等方面实施分类管理和监督，结合社区党建工作特点，构建公开透明、科学合理的管理考核体系，明确考核目标、考核内容、考核方式；要以群众监督为主，组织监督为辅构建监督体系。四是进一步完善纳编考试。改进纳编考试的方式和评价体系，以考试为基础，综合日常表现，注重群众测评，强化分类考核。同时，加强监督检查，公开纳编考试程序，引入群众监督机制，确保公平公正，真正把政治坚定、工作能力强、作风过硬的非在编工作人员充实到社区干部队伍中，形成鲜明的选人用人导向。

（三）以服务群众、维护稳定为重点，建设社区基层党组织服务群众的平台

1. 完善党员干部联系、服务群众机制，建设社区党员发挥作用平台

一是完善党员干部接待群众制度，实行社区党代表、支部班子成员、共建单位党员干部定期到社区接待群众，答疑解惑，深入了解群众的所思所盼，准确把握群众思想动态，及时解决群众在生活中的困难和问题。二是规范和完善党员服务群众的制度标准，建立党员责任区、党员服务区，明确服务群众的方式、方法、内容任务、考核标准。三是强化社区党员联系服务群

众的考核，以社区居民测评为主要评价标准，将党员日常联系服务群众的成效纳入民主评议范围，引导党员主动服务联系群众。

2. 完善社区党支部整合共享资源机制，建设社区服务、维稳共建平台

一是充分整合党员、居民志愿者服务队，开展各具特色，符合居民需要的志愿者活动，实现志愿者服务群众常态化，增强社区居民的归宿感和认同感。二是整合驻区单位的活动资源，与他们建立良好的沟通协作关系，发挥他们各自优势，调动他们参与社区建设的积极性，拓展服务群众的社会资源。三是加快建设社区服务性和公益性组织，推动社区服务的社会化，力求实现“反应快速、操作便捷、运行高效、群众满意”，变社区党支部被动应对服务居民为主动发现解决问题，提高群众对社区党支部工作的满意度，是社区基层服务型党组织真正得到群众的广泛认同。

3. 完善服务党员机制，建设党员权利均等实现平台

一是以“三会一课”制度为基础，通过专题辅导报告、集中培训、交流研讨、参观考察等形式不断丰富内容、创新方法，努力建立健全社区党员经常受教育的长效机制。二是以人文关怀为纽带，建立对社区党员的长效帮扶机制，做到知党员所忧、解党员所难，同时，开展形式多样的主题活动，引导党员发挥带头作用，强化社区党员的身份认同感和归属感，增强社区党支部的凝聚力。三是完善社区党支部民主议事制度，以社区党代会、党务公开为载体，充分尊重社区党员的主体地位，认真落实党员民主权利，推动社区党支部民主选举、民主决策、民主管理、民主监督，让普通党员的基本权利得到有效维护和实现。

（四）以统筹协调、共驻共建为原则，完善社区基层服务型党组织共建机制

1. 以社区党建工作会议为载体，建立共建工作机制

社区党支部是社区工作的领导核心，其主要职责是“统筹全局、协调各方”。社区基层服务型党组织建设要求社区党支部搭建共建平台，充分调动驻区单位党组织的积极性，共同参与社区事务的商议和决策。因此，建议以社区党建工作会议为载体，以共建为目的，围绕社区内重要事项的民主商

议、集中决策、公示公开、分工执行、结果通报、督促检查等内容，与驻区单位共同拟定科学合理议事规则，完善社区重大事项民主协商制度，建立完善的社区基层服务型党组织共建工作机制。

2. 以社区党支部与驻区单位联席会议制度为载体，实现协调共建

建议全面推广联席会议制度，定期召开由社区党支部、驻区单位党组织、社区党员代表、社区居民代表共同参与的联席会议，协调统筹社区各项工作，通报情况，实现信息互通，经验共享，协商共建。

3. 以社区党支部为基础，构建多元治理，实现社区共建共治共享

建议围绕基层服务型党组织建设，以社区党支部为龙头，社区工作站、居委会、业主委员会、物业公司等共同参与，建立社区居民议事会、社区工作协调会议制度等，整合社区内的党群资源和社会资源，动员党员服务群众，增强党在社区居民中的影响力，将社区基层服务型党组织建设的目标和内容融入到社区共建共管共治中去，促进社区协调发展。

（本文系 2014 年全国党校系统重点调研课题成果）

总目标视角下社区基层党组织建设与社会治理研究
——以乌鲁木齐为例

【摘要】第二次中央新疆工作座谈会明确了新疆工作总目标是社会稳定和长治久安，这是做好新疆工作的根本遵循和指引。社区作为维护新疆社会稳定的基础力量，社区基层党组织建设和社会治理对实现新疆工作总目标具有十分重要的意义和作用。本课题以基本理论研究为基础，以乌鲁木齐社区基层党组织和社会治理为研究对象，着力分析研究乌鲁木齐社区基层党组织建设和社会治理的有效做法，并针对问题提出对策建议，以期对全疆社区基层党组织和社会治理如何在实现新疆总目标进程中更好发挥作用提供借鉴思考。

第二次中央新疆工作座谈会明确新疆工作总目标是社会稳定和长治久安，强调要以推进新疆治理体系和治理能力现代化为引领，推进新疆各项工作。做好新疆工作，最坚实的力量支撑在基层，最突出的矛盾和问题也在基层，必须把抓基层、打基础作为稳疆安疆的长远之计和固本之举。社区作为基层群众自治区组织，在实现新疆社会稳定和长治久安历史进程中的重要作用是不言而喻的。在实践中，社区基层党组织必须紧紧围绕新疆工作总目标，加强和创新社会治理，激发社区多元主体的主动性，积极参与到实现新疆社会稳定和长治久安的各项工作中，夯实做好新疆工作的基层基础。因此，我们选择乌鲁木齐的社区作为研究对象，以期从中分析把握在实现新疆工作总目标的工作中，社区基层党组织领导基层社会治理的有效路径方式，总结科学的经验，为更好发挥社区在新疆工作中的作用提供借鉴和参考。

一、科学把握新疆工作总目标视角下的社区基层党组织建设和社会治理

党的十八大以来，以习近平同志为核心的党中央从党和国家事业发展全局，从战略高度审视和谋划新疆工作，科学分析了新疆工作的形势，制定了符合实际的治疆方略，明确了新疆工作总目标是实现社会稳定和长治久安。可以说，新疆工作总目标是以习近平同志为核心的党中央治疆方略的核心要义，是做好新疆工作的旗帜与统领，新疆一切工作都必须紧紧围绕总目标来谋划和安排。因此，以社区基层党组织为领导，创新基层社会治理，夯实实现新疆工作总目标的社会基础，是其中一项重要的任务和工作内容。只有充分发挥社区基层党组织在创新社会治理中的领导作用，才能为社会治理指明正确的前进方向，提供有力的支持，构建有效的平台。要科学把握社区基层党组织建设和社会治理的基本概念、地位作用和特征，才能推进二者融合发展，夯实实现新疆工作总目标的基础。

（一）社区基层党组织建设及其在社会治理中的作用

社区基层党组织是党联系群众的桥梁和纽带，是各类基层党组织中重要的组织形式。社区基层党组织建设，就是要以保持党同人民群众血肉联系为核心，以服务群众为载体，以突出政治功能为重点，以提升组织力为目标，以领导社区群众自治为基础，宣传党的主张，贯彻党的方针政策，回应群众诉求，化解社会矛盾，维护社会稳定，加强队伍建设，充分发挥社区基层党组织的领导核心用。

社区基层党组织在社会治理中发挥领导核心作用。在创新社会治理中，社区基层党组织一方面通过自身掌握的组织体系和组织资源，构建相应的制度，引导多元主体参与社会治理，规范多元主体参与社会治理的行为；另一方面，发挥自身的先进性，利用多种载体和平台，结合基层群众的诉求，培

育多元主体的蓬勃发展，回应解决群众实际困难，赢得群众认同和支持，把群众紧紧团结在周围，夯实党执政的群众基础。

社区基层党组织在社会治理中发挥服务作用。我们党的初心和使命是为中国人民谋幸福、为中华民族谋复兴。从党成立之日起，我们的一切奋斗就是为了实现人民对美好生活的向往。当前，中国特色社会主义进入新时代，社会主要矛盾发生了转化，社会多元主体对改革发展的具体期望发生了明显的分化，使利益格局多样化和价值观念多元化成为社会的基本特征，由此，社会矛盾也逐渐增多。社区基层党组织面临社区多元主体的利益诉求和问题，就是当前社会特征的直接反映。这要求社区基层党组织能够以服务为载体，把社区多元主体的利益诉求和问题进行有机整合，更好服务社区，引领发展，实现对社会治理的有效引导。①

（二）社会治理的基本概念及其特征

社会治理是指在党组织的领导下，政府、社会组织、企业、机关事业单位、社区、个人等多元主体在法律规范的范围内，以平等协商、对话合作等方式，解决社会事务、引导社会组织、规范社会生活，有效改善民生、维护社会稳定、促进公平正义、化解社会矛盾，最大程度地实现和维护公共利益的过程。

从总体上来说，社会治理作为新形势下党带领人民进行有效社会事务管理的方式，是社区基层党组织发挥领导作用的重要途径，其特征主要表现为：一是治理主体的多元化。改革开放40年来，我国经济社会快速发展，社会结构和阶层发生了巨大的变化，社会主体多元化成为一种常态。多元社会主体在各方面的需求呈现出多样化的表现，传统的党委和政府主导的单一主体社会管理模式难以回应社会多元主体的需求。因此，需要在党的领导下，以政府为基础，构建平台载体，畅通群众利益诉求渠道，充分调动企业、社会组织、社区、个人等多元主体的积极性，使其主动参与社会治理，有效弥补传统单一社会管理模式下社会服务和社会产品不足的问题，提高社

① 杨新红.基层党组织在社会治理中的角色定位及建设策略［J］.宁夏党校学报，2017（2）：34-37.

会治理的效率。二是治理过程的法治化。党的十八届四中全会明确要求“提高社会治理的法治化水平”。也就是说，在整个社会治理的过程中，必须始终以法治为底线，提高社会治理主体运用法治思维和法治方式的能力水平，构建符合法治要求的社会治理制度体系，确保在治理过程中坚持用法治解决问题、化解矛盾。三是治理内容的丰富性。社会治理要回应和解决的是社会多元主体多样化的诉求，这决定了社会治理要调整社会关系、规范社会行为、解决社会问题、化解社会矛盾、促进社会工作、防范社会风险、维护社会稳定、改善民生福祉等，其内容是丰富的，任务是艰巨的。四是治理方式的民主化。社会治理过程中，其方式主要是在党的领导下，以民主协商、平等对话等方式为基础，协调处理各种利益关系和社会矛盾，各类主体的地位是平等的，方式是民主的，从而充分尊重各类主体的意见建议，激发参与治理的积极性，在最大程度上凝聚共识，有效维护社会主体利益。①

（三）新疆工作总目标对社区基层党组织建设和社会治理提出的新要求

新疆工作总目标是新疆一切工作的统领，社区基层党组织建设和社会治理也必须紧紧围绕总目标来进行谋划安排，要以充分发挥社区基层党组织和社会治理在维护社会稳定的重要作用为导向，全面把握新疆工作总目标对社区基层党组织建设和社会治理提出的新要求。

必须把社区基层党组织建设成为实现新疆工作总目标的坚强战斗堡垒。影响新疆发展的最大危害是新疆民族分裂势力相互勾连、兴风作浪，最直接最现实的威胁是暴力恐怖活动多发频发。新疆工作最突出的矛盾和问题在基层，最坚实的支撑力量也在基层，抓基层、打基础是稳疆安疆的长远之计和固本之举。社区基层党组织是党在城市工作的重要组织基础，是加强党的基层组织建设的重要内容，对实现新疆工作总目标具有重要的政治意义和现实意义。在当前仍然处于“三期叠加”的严峻形势下，社区基层党组织作为处于与人民群众直接打交道的最基层，在服务群众、化解矛盾、维护稳定、促

① 张尚宇，王建．社会治理的内涵、特征和功能浅析［J］．胜利油田党校学报，2016（5）：64–67.

进团结、反对分裂等方面有其独特的优势。这就决定了社区基层党组织必须发挥领导核心作用，有效维护社会稳定，真正成为实现新疆工作总目标的战斗堡垒。

必须以社区基层党组织为领导创新社会治理，确保社会治理的正确方向。党的十九大报告明确指出：要加强社会治理制度建设，完善党委领导、政府负责、社会协同、公众参与、法治保障的社会治理体制，提高社会治理社会化、法治化、智能化、专业化水平。这是中国特色社会主义进入新时代，创新社会治理的基本要求和方向。社区基层党组织必须牢牢把握这个基本要求和方向，紧紧围绕新疆工作总目标，紧密结合新疆工作实际，把创新社会治理放到实现总目标的大局中去思考、去谋划、去推动，建立健全既符合党中央要求又具有新疆特点的基层社会治理体系，确保社会治理坚持正确的方向不动摇。

必须把创新社会治理作为社区基层党组织凝聚整合社区各类力量，夯实社会稳定基础的重要途径。社会治理的优势和长处是能够激发社会多元主体积极性和主动性，引导他们参与到社会事务的管理中去。而新疆工作总目标必须要有新疆全社会的共同参与，才能有效实现。因此，在实际工作中，必须坚持统筹联动，按照联动融合、开放共治的要求，激活社区各类主体，整合社区各类资源，化解社区各类矛盾，构建社区工作新体制，动员社区全部力量，实现维护社会稳定的协调联动，一体互动，从而夯实实现新疆工作总目标的社会基础。

二、实现新疆工作总目标进程中乌鲁木齐社区基层党组织领导社会治理的成效

乌鲁木齐作为新疆维吾尔自治区首府，在实现新疆工作总目标进程中的重要地位和作用是不言而喻的。近年来，乌鲁木齐紧紧围绕新疆工作总目标，加强社区基层党组织自身建设，改革领导方式，创新维护稳定、服务群众、民族团结、宗教管理等方面的工作，构建起了符合新疆工作总目标要求和社区工作实际的社会治理机制，取得了显著成效。

（一）以整顿软弱涣散基层党组织为抓手加强社区基层党组织建设

社区基层党组织是创新社区社会治理的领导力量，其作用发挥关系到社区社会治理创新成效，关系到凝聚社区各类主体力量维护稳定，关系到新疆工作总目标的实现。自治区党委要求，要扎实开展“访惠聚”驻村（社区）工作，持续整顿软弱涣散基层党组织，选好配强基层组织带头人、配强“两委”班子，发展壮大党员队伍，加强基层政权建设，坚持把党的组织建在每一个社会管理细胞中间，使之成为服务群众、维护稳定、反对分裂的坚强战斗堡垒。乌鲁木齐以“访惠聚”驻村（社区）工作为依托，以整顿软弱涣散基层党组织为抓手，持续加强社区基层党组织建设，增强社区基层党组织的政治领导力、思想引领力、群众组织力、社会号召力，使之在创新社会治理中充分发挥领导核心作用。

近年来，乌鲁木齐针对社区基层党组织存在的主要问题进行了专门的梳理，发现社区基层党组织普遍存在的问题包括：组织力不强，政治功能发挥不明显；党员队伍建设不规范，先锋作用不明显；工作制度不规范，阵地作用发挥不明显；落实维稳措施不到位等。针对这些问题，乌鲁木齐市采取了相应措施进行了整改。

1. 加强社区基层党组织班子队伍建设，提升班子凝聚力和领导力

按照政治立场坚定、作风扎实优良、基层经验丰富的要求，选配社区基层党组织班子成员，同时，确定“访惠聚”工作组长为第一书记，统筹协调全面工作，进一步增强社区基层党组织的领导力量。以天山区为例，2017 年制定出台《天山区社区（村）书记主任后备人选队伍建设工作方案》，按照社区书记主任后备人选 1:3 比例要求，储备后备干部 836 名。选拔 113 名优秀机关干部到社区担（挂）任社区正副职，年均下派机关干部 3 万余人次到社区（村）帮助工作。

2. 加强教育培训，提升理论水平和工作能力

乌鲁木齐社区基层党组织认真落实各类学习教育活动要求。天山区在党的十九大结束后，连续举办 4 期社区党组织干部培训班，对社区党支部班子成员进行全面培训，着力提升思想理论素质，增强党性修养，强化宗旨意识。

3. 加大经费投入，强化基层阵地作用

水磨沟区累计投入5亿元，共新增社区阵地面积4.7万平方米；天山区累计投入7.98亿元资金，通过新建、购买和改扩建等措施，使全区所有社区阵地面积均达到400平方米以上，极大的改善了社区基层党组织办公条件，建立起了较为完善的社区基层党组织活动阵地，使社区基层党组织的阵地功能得到显著增强。

4. 大力探索完善社区基层“大党委”领导机制

在所有社区建立“大党委”，整合社区辖区内的各类力量，建立健全务实管用的社会治理体系、服务体系，成效明显。由社区党组织负责人担任“大党委”书记，辖区内的相关单位、企业、社会组织的党组织负责人担任兼职社区党组织委员，建立联席会议制度、社区党委工作会议制度、定期通报工作情况制度、双重组织生活机制等一系列的制度，形成科学合理、高效管用的议事协调机制。积极构建“管委会（街道）‘大工委’（管委会〈街道〉综治中心）——社区‘大党委’（社区综治中心）——网格党支部——楼栋（巷道）党小组——双联户长（十户长）”五级组织体系，不断延伸党在基层的服务管理触角，切实发挥社区“大党委”领导作用。

（二）以落实维稳措施为重点，多措并举维护基层社区社会稳定

乌鲁木齐社区的稳定关系到大局的稳定，关系到新疆工作总目标的实现。乌鲁木齐社区居民的显著特征是多民族聚居、流动人口较多，维护稳定工作情况复杂、任务繁重。社区基层党组织推进社区社会治理的重点任务就是有效维护社会稳定，不断夯实乌鲁木齐社会稳定的基础，为实现新疆工作总目标提供坚实的基础力量支撑。近年来，乌鲁木齐针对社区稳定工作进行了全面的探索实践，以社区基层党组织为核心，动员社区各类社会主体力量，认真落实中央和自治区关于维护稳定的各项措施，形成了系统全面、共同参与、有效治理的社区稳定工作机制，取得了比较明显的成效。

1. 构建群防群治工作机制，形成立体式的社会防控体系

反恐维稳斗争，必须大力提高群防群治预警能力，筑牢反恐维稳的铜墙铁壁。乌鲁木齐以片区管委会为领导力量，以社区基层党组织为主体，以社

区各类社会主体为依托，不断探索完善反恐维稳群防群治工作机制，加强社会面防控，为维护社会稳定提供了有效保障。在实践中，构建片区管委会层面的群防群治平台，以社区基层党组织为执行主体，以便民警务站、巡逻队、驻区单位安保力量、居民小组长、楼栋院长等为基础力量，建立片区与辖区单位联保对讲机系统；以“十铺联防”为基本形式，合理规划和设置人员密集场所、重点部位的安全防范，充分发挥安保岗亭的“防护网”和“过虑网”的作用，强化舆情收集、上报、研判，做到社区维稳工作思路清、情况明、措施准、效果好，稳定隐患早发现、早报告、早控制、早解决，片区辖区各单位和社会力量在处置突发事件时及时响应、相互支援。

2. 建立无漏洞的流动人口和出租房屋管理体系，夯实社区稳定工作基础

流动人口和出租房屋由于其不确定性，有利于暴恐分子和重点人员的隐匿，给社区稳定工作带来较大的压力和影响，必须有效治理，才能更好地维护社会稳定。乌鲁木齐充分发挥社区基层党组织的作用，实行社区网格化管理，推行干部包户措施，进行每天入户走访排查，确保流动人口和出租房屋管理底数清楚。以此为基础，升级完善社区岗亭门禁系统，设置人脸识别、身份证识别系统，按照人员“一人一证、人证符合、刷证出入”的要求，确保对社区外来人员有迹可循。坚持推行“369”工作方法，即对于租房的流动人口，要求出租房屋房东在3小时内向社区包户干部或警务室报告，社区包户干部或片区民警6小时内与租房的流动人口见面、采集信息、核实情况，如有异常情况的立即上报综治工作中心和反馈给房东，并及时处理；9小时内完成对租房流动人口的对比核查、登记入网工作。同时，加大清查排查力度，社区与公安力量通力合作，按照“巷不落户，户不落人，人不落项”的要求，坚持对流动人口进行日常排查和临时排查相结合，确保流动人口变动情况随时掌握。

3. 做好社区稳定工作重点人员管控、重点场所和重点要素管理工作，有效消除社区社会稳定隐患

乌鲁木齐城市社区情况较为复杂，对一些社区稳定工作的重点人员、重点场所、重点要素进行定期的排查，及时掌握情况，采取针对性的措施化解问题，是社区基层党组织维护社会稳定的重要职责。在实际工作中，由社区

基层党组织统一领导和部署，社区定期对辖区内的居民进行摸排梳理，对发现的重点人员进行严格管控。比如采取每日通话、每日研判、一人一档的形式进行管控，确保重点人员在可控范围和视线内；对社区内的重点场所，实施“十户联保”措施，要求配齐专职安保人员、安检门和X光机，安装一键报警装置；对社区内的类似于加油加气站、管制刀具等重点要素，加强管控，摸底排查，及时排除稳定隐患和可疑现象。

4. 完善社区常态化应急处突机制

社区按照“落实责任、相互支援、常态巡逻、及时处置”的要求，对辖区突发事件坚持打防结合、预防为主，依靠群众力量的方针，努力实现发案少、秩序好、社会稳定的目标，确保社会面防控工作顺利进行。建立社区稳定工作责任机制，实行维稳力量相互配合，开展区域常态化巡逻，特别是对公交车站、治安岗亭、人员密集场所等重点部位开展巡逻防控工作。不定期在辖区重点路段、道路岔口设置卡点，对可疑人员、车辆、物品进行逐人、逐车、逐件物品的严格盘查检查。完善维稳应急处突工作预案，成立应急处突工作小组，责任到人，确保辖区维稳力量充足、应急处突迅速。

（三）以凝聚人心为目标，改革创新社区联系服务群众方式方法

实现新疆社会稳定和长治久安总目标，必须紧密团结新疆各族人民群众，广泛发动群众，铸牢新疆社会稳定的群众基础。社区作为基层群众自治组织，在服务群众、联系群众、宣传群众、凝聚群众方面具有无可比拟的优势和独特的地位作用。乌鲁木齐高度重视发挥社区在服务和凝聚群众方面的作用，进行了全面的改革探索，逐步形成了符合乌鲁木齐社区实际的联系服务群众的体制机制，为凝聚人心，实现新疆工作总目标提供了坚实的力量支撑。

1. 重点抓好群众关心的民生工作

乌鲁木齐社区基层党组织紧紧围绕群众关心的就业、低保、医疗等重点民生工作，根据社区的实际情况，采取有针对性的措施，进行有效的推进，较好的回应了社区群众的关切和诉求，赢得了群众的认同。坚持就业惠民，着力解决群众就业问题，确保有就业愿望的社区群众能够基本实现就业。以长江路片区为例，2017年总共安置972名城镇失业人员就业，2322人参加

了企业职工培训。各社区采取有效措施，按照自治区全民健康体检计划，基本实现全民体检百分百覆盖，有效提升了社区居民健康水平。扎实落实各项低保政策，对困难群众生产生活进行帮扶。以乌鲁木齐新和社区为例，2017年共发低保金35840元（包含慈善补助900元），春节慰问辖区6名低保，3名“三老人员”，1名低收入家庭共计3150元整。

2. 充分发挥“访惠聚”驻村（社区）工作队优势，提升服务群众的能力和水平

新疆维吾尔自治区党委书记陈全国（编者注：时任）在2018年“访惠聚”工作动员大会上强调，要“聚焦群众工作持续用力。始终把群众利益放在心中最高位置，紧紧围绕保持党同人民群众的血肉联系，践行党的群众路线，增强群众观念和群众感情，宣传教育群众，巩固民族团结，促进宗教和谐，不断厚植党在新疆执政的群众基础。”乌鲁木齐的“访惠聚”驻社区工作队在实践中始终坚持贯彻落实这一要求，把保障和改善民生，服务社区群众作为工作的出发点和落脚点，发挥派驻单位的优势，着力解决群众关心的热点难点问题，极大地提升了社区基层党组织服务群众的能力和水平。以天山区为例，2017年“访惠聚”驻社区工作队共投入资金738.6万余元，帮助解决就业、上学、养老、物业服务等群众关心的热点难点问题1160个；大力宣传惠民政策，充分发挥《惠民政策明白册》的作用，入户开展政策宣讲33.38万余户次、86.88万余人次。各派出单位及工作队结对认亲7681户、11970人，开展民族团结联谊活动1407场、参与群众85715人次。

3. 完善社区管理服务模式

近年来，乌鲁木齐社区形成了“庭院化、网格化、社会化、数字化”的管理模式，以此为基础，乌鲁木齐各社区进一步改革完善社区管理模式，更好的服务社区群众。比如，从2016年开始，高新区开始在社区设立综合服务窗口，对社区居民需要办理的多项业务进行整合，打破原来的单一窗口单一业务的模式，对关联度较高的业务进行整合，实行单一窗口可处理多项业务的模式，尽可能让服务对象在一个服务窗口办完所有事项。水磨沟区的绝大多数社区则依托数字化技术，针对社区服务开通了微信公众平台，并利用这个平台即时推送本地新闻、政策宣传、社区动态、民生帮助、百姓需求

等，做到让居民不出家门，就能知晓街道、社区工作动态，参与和监督社区管理，增进与居民的互动，提升社区服务质量。

在调研中可以看到，乌鲁木齐社区基层党组织在做好稳定工作的同时，尽最大努力发挥组织体系和组织资源优势，下大力气解决好群众的生产生活困难，有效的凝聚起了维护社会稳定的强大力量。

（四）以基层协商民主为载体，构建社区治理新机制

党的十九大报告明确强调，要加强社区治理体系建设，推动社会治理重心向基层下移，发挥社会组织作用，实现政府治理和社会调节、居民自治良性互动。乌鲁木齐社区基层党组织近年来大力发展社区基层协商民主，构建多层次的社区协商议事制度，完善社区基层治理的有效途径和方式。以此为载体，激发社区类多元主体的主动参与，依托社区各类资源，有效化解社区基层各类矛盾，更好回应社区群众诉求，形成良好的社会氛围，使新疆工作总目标各项工作要求落地生根。

1. 建立完善社区居民议事代表制度

为了更好的激发社区群众参与社区事务，实现社区治理的规范化、科学化、民主化，乌鲁木齐社区基层党组织进行了探索和创新，逐渐形成了比较完善的社区居民议事代表制度。从 2014 年开始，乌鲁木齐市八道湾绿洲社区就实施了社区居民议事代表制度，根据社区工作实际情况，由社区基层党组织不定期组织社区居民代表对社区重大事项和群众关心的工作进行讨论协商；对社区重大事项和重要工作定期进行公示，征求群众意见建议，并及时反馈处理情况。乌鲁木齐南三路社区则坚持每个月在社区居民议事厅召开社区居民议事会议，邀请社区居民代表对社区工作提出意见建议，反映社区工作存在的问题，了解社区居民关注的热点难点，更好地为社区居民排忧解难。实践证明，类似于八道湾绿洲社区和南三路社区的居民议事代表制度更好地满足了社区居民实现和维护自身权利的诉求，社区居民反映良好，对社区事务参与的积极性明显增强，对社区落实维护稳定的各项措施带来了重要的推动作用。

2. 注重发挥相关组织资源优势推进社区治理

社区基层党组织作为推进社区治理的第一责任主体，其自身拥有的资源

并不能完全满足当前社区治理的现实需要，必须依托更大范围和更高层次的组织体系和资源，才能更加有效的推进和完善社区治理。乌鲁木齐为了解决这个问题进行了相关的改革，并取得了较好的成效。比如，围绕落实《人民调解法》，乌鲁木齐在全市街道办事处（片区管委会）实现了人民调解委员会全覆盖，为化解社区各类矛盾提供了有效的制度和力量的支持。据统计，仅仅 2017 年 1 至 10 月，全市 1350 个人民调解委员会共接待基层群众来访、来电 8600 余人次，7522 名人民调解员共成功调解处理各类矛盾纠纷 22955 件。同时，依托社区“大党委”机制，实行“大事共议、实事共办、要事共决、急事共商”的议事原则，有效整合社区驻区单位力量，定期协商解决社区群众最关心、最直接、最现实的热点难点问题，形成推进社区治理的强大合力。乌鲁木齐民主西路社区围绕发展社区“大党委”在社区治理中的作用，形成了“1151”工作机制，即每季度召开一次“大党委”联席会；每季度进行一次双向评价反馈；围绕“党的建设、维护稳定、精神文化、环境卫生、为民服务”五项中心任务开展工作；年终进行一次评定表彰，实现了社区基层党组织和驻区单位的资源共享，优势互补，极大了提高了社区基层党组织维护稳定、服务群众的能力。

三、加强乌鲁木齐社区基层党组织建设和基层社会治理的对策建议

通过改革创新，乌鲁木齐社区基层党组织领导基层社会治理取得了比较明显的成效，为维护社会稳定、促进民族团结、推动改革发展夯实了基础。但从实现新疆工作总目标的要求来看，乌鲁木齐社区基层党组织建设与社会治理还存在一些不足，亟待完善。比如社区职能不明确，定位不清楚，承担了大量的行政事务；一些社区基层党组织的观念比较滞后，仍用行政管理的方式来进行基层社会治理，工作方式简单；一些社区基层党组织资源比较缺乏，组织群众、动员群众、服务群众、凝聚群众能力较弱；一些社区群众对社区认同感不强，参与社区治理的积极性主动性还未完全激发；一些社区工作者队伍整体素质不高，队伍不稳定，人员变动大等。因此，要紧紧围绕实

现新疆工作总目标，不断加强社区基层党组织建设，充分发挥其在社区基层治理中的领导核心作用，形成符合实际、机制完善、群众满意、效果突出的基层社会治理的科学体系。

（一）进一步加强社区基层党组织建设，提升治理能力和水平

社区基层党组织作为领导社区基层社会治理的核心，必须要紧紧围绕提升组织力，突出政治功能，全面进一步加强社区基层党组织建设，不断增强领导基层治理能力。

1. 要选优配强班子，选准用好干部

突出整体建设、增强功能，把领导班子建设摆在重要位置，解决“重选轻管”问题，完善班子配备结构，提高领导班子建设的针对性和科学性，着力打造政治可靠、敢于担当、实绩突出、清正廉洁的坚强领导班子。落实严肃反分裂斗争政治纪律的要求，始终把政治上强作为选人用人的第一标准，加大干部政治表现的考察考核力度。树立鲜明导向，注重在复杂环境和反分裂斗争一线培养、考验、选拔干部，大力选拔对党忠诚、关键时刻敢于发声亮剑、有较强群众工作能力和应对突发事件、驾驭复杂局面能力的干部。加强党员队伍建设，突出主体作用，提高能力素质。党员是党组织的细胞，也是党内生活的主体；干部是党的事业的骨干，是推动各项工作的中坚。因此，必须以发挥党员干部主体作用为切入点，加强社区基层党组织建设。强化教育培训，全力抓好社区基层党组织领导班子思想政治建设，深入学习贯彻习近平新时代中国特色社会主义思想，举办专题培训班，分批次集中培训社区党员干部，推动社区党员干部切实把习近平新时代中国特色社会主义思想学懂弄通做实，转化为实现新疆工作总目标的理论指导，转化为推动基层社会治理的行动指南。完善社区基层党组织领导干部评价机制，以群众满意为标准，按照注重实绩、甘于奉献、群众公认、敢于担当的要求，突出维护稳定、促进团结、科学治理的重点，评价评议社区党员干部作用发挥情况。完善社区党员领导干部联系服务群众机制。根据社区党员干部的职业、行业和岗位特点，把近年来探索形成的直接联系群众、服务群众承诺、民主评议考核等行之有效的做法上升为规范性制度，并具体细化、长期落实，使所有社区党员干部都自觉密切联系群众、真心

服务群众。

2. 创新社区党建工作，建立长效机制

要统一思想认识。从强化政治领导入手，组织开展“不忘初心、牢记使命”主题教育，加强政治纪律和政治规矩教育，提升社区党员领导干部的政治定力，增强实现新疆工作总目标的自觉性和坚定性；加强民主集中制建设，增强党员领导干部的程序意识和规矩意识。认真落实乌鲁木齐市委关于强基层强基础的系列文件精神，深入推进城市基层“党建＋治安”网格一体化建设。完善管委会（街道）“大工委”、社区“大党委”制度化规范化运行，实现基层党组织的全面覆盖。持续开展机关干部下沉，畅通基层干部和机关干部常态化交流通道，把善于做群众工作的干部下沉到基层一线，配齐配强社区基层工作力量。要继续增加对基层的投入。基层党组织的工作领域不同，具体工作基础与条件也不尽相同，绝大多数基层党组织开展服务性工作所需经费、活动场所和设施设备无力自行满足。各级党委要从巩固党的执政根基的高度出发，坚持倾听基层、体谅基层、帮助基层的根本要求，增加对基层组织建设的投入，帮助基层党组织提高服务能力和水平。

（二）进一步规范社区职能范围，突出社区基层党组织领导基层社会治理的重点

社区作为基层群众自治组织，其主要职能是服务社区群众、维护社会稳定、促进社会和谐。社区基层党组织领导基层社会治理，应该着力于充分发挥社区的主要职能。乌鲁木齐社区由于具有其自身的特殊性，需要在维护稳定、宗教事务管理等方面承担重要的职责，职能范围与一般意义上的社区有所区别，任务更加繁重。但在调研中发现，社区基层党组织承担了大量的行政事务，严重影响了社区本身作用的发挥。因此，必须进一步规范社区职能范围，突出社区基层党组织领导基层社会治理的重点。

1. 要着力转变社区基层党组织的领导理念和方式，实现从“管理”到“治理”的转化

在调研中发现，部分乌鲁木齐社区基层党组织和居委会的行政色彩比较浓厚，工作思路和方式还是比较单一的行政管理，在领导理念和方式上不太

符合当前乌鲁木齐社区治理的实际。一要以社区基层党组织建设为关键，着力转变理念和思路，提升基层社会治理能力和水平。以社区基层党组织为领导核心，完善社区多元主体参与社区治理的体制机制，尊重其主体地位，充分听取社区各类主体意见，引导社区各类主体积极发挥自身优势和作用，确保社区治理的各项决策和部署符合绝大多数人的意见，有效维护稳定，促进和谐。二要以法治为基础，完善社区利益协调机制。乌鲁木齐社区总体上呈现出“大杂居、小聚居”的特点，各族人民群众同居一个社区，在利益诉求、价值理念、风俗习惯、行为方式等方面存在较大差异。因此，要建立健全法治基础上的社区利益协调机制，充分运用法治思维和法治方式，有效化解利益冲突矛盾，尽最大可能使个体差异和共同利益得到有效尊重和维护，实现社区治理的共建共治共享，为新疆社会稳定和长治久安营造良好的社区氛围。

2. 要认真落实自治区党委、政府出台的《关于进一步规范和加强社区工作的意见》，切实为社区基层党组织工作提供有效的制度保障

一要根据《意见》，进一步厘清政府职能部门、街道（管委会）、社区的职责范围，严格落实社区工作准入制度，使各相关治理主体在社区治理中各司其职、各尽其能、良性互动、优势互补。二要把职能部门担负自身职责范围内的社区工作责任情况纳入考评范围，严格纠正职能部门变相向社区下派任务、转移工作责任的现象，严禁随意从社区抽调工作人员的行为。对确实需要社区协助参与的工作任务，必须实行市、区、街道（管委会）审批同意，坚持“权随责走、费随事转”的原则，确保权、责、利同步。三要社区基层党组织要明确自身职责权限和工作任务，从服务群众和维护稳定两个方面着力，根据社区的实际情况和队伍构成，进行科学的分工，有效履行职责，提高工作效率。

3. 要坚决清理各类创建评比项目，减少重复性工作和考核内容，切实为社区工作“减负”

一要科学设置创建评比项目，紧密结合乌鲁木齐社区实际，从维护稳定、民族团结、提升社区党组织的组织力、宗教事务管理、社会文明等方面设置有利于推动社区工作的评比创建项目，坚决防止相关职能部门自行设置创建评比项目。二要科学考核社区工作。认真落实《关于进一步规范和加强

社区工作的意见》中提出的社区综合考评纳入年度绩效考核，集中一次考核的要求，突出社区居民的评价意见，坚决防止职能部门的单独考核，彻底纠正以档案资料、文字图片、台账等作为考核依据，引导社区基层党组织把主要精力放在维护稳定和服务群众工作中去，着力发挥社区基层党组织的战斗堡垒作用。

（三）进一步发挥社区多元主体的作用，丰富社区基层党组织领导基层社会治理的资源和途径

社会治理意味着是在党的领导下，以政府为主导，多元主体共同参与解决社会事务。社区基层党组织领导基层社会治理，就要求要多渠道发挥社区多元主体的积极作用。乌鲁木齐社区处在维护稳定的第一线，是维护社会稳定最基本的单元，更是需要多方力量的共同参与，尽最大可能凝聚起维护稳定的强大力量，夯实乌鲁木齐社会稳定的基础。

1. 进一步完善驻区单位与社区联系协作机制，实现资源共享

要以党建联席工作会议为龙头，构建驻区单位与社区在维护稳定、综合治理、精神文明创建、服务基层群众等方面系统全面的联系协作机制，并强化对驻区单位参与社区共驻共建的考核评价，形成导向明确的激励奖惩机制，充分调动驻区单位的积极性和主动性。注重抓好队伍共建，既选派驻区单位党务干部到社区挂职锻炼学习，也选派社区党务干部到驻区单位挂职锻炼学习，实现经验交流、互助学习、共同提高。同时，全面推行驻区单位党组织负责人兼任社区党组织领导班子成员制度，强化责任意识，实现常态化的交流合作。

2. 进一步培育社区社会组织和志愿者组织，拓宽基层社会治理途径

社区社会组织和志愿者组织是党领导基层社会治理不可或缺的重要载体，有利于推动多种治理主体良性互动，弥补基层党组织和政府力量不足的问题。因此，乌鲁木齐要充分发挥社会组织和志愿者组织在基层社会治理中的重要作用。坚持政社分开，弱化行政色彩，从宏观层面对社区社会组织和志愿者组织提供指导，为社区社会组织和志愿者组织的发展提供较为宽松的政策和制度环境。帮助改善社区社会组织和志愿者组织的工作、培训等条件，提高其服务群众的水平和能力。创新社区社会组织和志愿者组织的活动

方式，通过项目委托、管理等形式，充分发挥其在社区治理中的作用，更好服务社区。加强对社区社会组织和志愿者组织的全面监督评估，确保其作用发挥到位、过程符合程序、结果群众满意。

（四）进一步加强社区工作者队伍建设，夯实社区基层党组织领导基层社会治理的人才基础

社区工作者是维护社会稳定、促进民族团结、推动改革发展的一线力量，直面社会、服务居民，是推进基层社会治理和社区各项事业健康发展的重要保障。乌鲁木齐社区基层党组织领导基层社会治理，需要一支政治素质过硬、专业化水平较高、甘于奉献服务的社区工作者队伍，才能有效落实中央和自治区关于做好新疆工作的各项决策部署，才能更好实现新疆工作总目标。

1. 改革完善社区工作者队伍建设的激励保障机制

根据经济社会发展情况，逐步提高社区工作者的基本工资待遇，落实各项加班补贴和津贴发放要求，保障社区工作者的基本待遇不“欠账”。完善纳编考试机制，坚持以社区群众评价为根本，以理论测试为基础，以实际工作能力为重点，对社区非在编的优秀工作人员编制问题进行有效解决，确保社区工作者队伍的稳定性。严格落实职级与职务分离制度，对在基层社区工作表现优秀的人员，要在职级待遇上给予相关的体现，激发其在本职岗位上工作的积极性。

2. 严把社区工作者队伍的入口关，确保队伍建设基础过硬

明确社区工作者队伍建设的基本标准，那就是要按照政治立场坚定、工作作风优良、文化素质较高、服务意识强烈、善于沟通交流的要求选拔社区工作者队伍。拓宽社区工作者队伍选人用人渠道，注重从未就业的大学毕业生、退伍军人、退休干部、下岗职工等群体中选拔社区工作者，坚决防止社区工作者选拔是为了解决就业困难群众就业问题的倾向和做法。严格“入口”测试考评，对社区工作者的基本素质、工作能力等方面，设置科学的测试考评体系，确保选拔的社区工作者符合社区工作的要求。

3. 全面加强社区工作者培训教育

建立定期轮训培训机制，对社区工作者进行常态化的培训教育，持续提

高理论水平和工作能力。注重理论学习教育，围绕学习习近平新时代中国特色社会主义思想，创新理论学习教育方式，确保理论学习能内化于心、外化于行，提高社区工作者服务群众的自觉性和主动性。突出稳定工作内容的培训，针对社区党组织书记、主任、包户干部、“访惠聚”工作队员、社区民警、巡逻队员等社区维稳力量，进行分类培训，提高针对性，开展维稳处突演练，进行专业化训练，提高维护社会稳定能力。

（本文系2017年全国党校系统重点调研课题成果）

喀什地区农村党支部班子建设调查研究

【摘要】第一次中央新疆工作座谈会以来，新疆高度重视基层党组织建设，强调做好新疆工作基础在基层，关键在基层。喀什地区根据中央和自治区的部署，深刻把握新形势加强基层党组织建设的要求，结合工作实际，对加强和改进农村党支部班子进行了全面的探索与实践，形成了一些有效的做法，对进一步加强南疆农村党支部班子建设具有重要的借鉴意义。课题以喀什地区农村党支部班子建设为研究对象，明确提出在南疆必须建设一支政治立场坚定、发展思路清晰、维稳工作得力、宗教管理有方、服务群众到位、工作作风过硬的农村党支部班子队伍，全方位总结喀什地区加强农村党支部班子建设的系统做法，并针对存在的问题提出改进的对策与建议，力图为南疆农村党支部班子建设提供一定的实践与理论支撑。

新疆工作事关党和国家事业的大局，做好新疆工作，基础在基层，关键在基层。胡锦涛同志在第一次中央新疆工作座谈会上明确要求“扎实加强基层党组织建设”。习近平总书记在第二次中央新疆工作座谈会上更是进一步强调，“要把抓基层、打基础作为稳疆安疆的长远之计和固本之举，努力把基层党组织建设成为服务群众、维护稳定、反对分裂的坚强战斗堡垒，让党的旗帜在每一个基层阵地上都高高飘扬起来”。

南疆农村基层党组织是维护稳定、促进民族团结、推动发展的重要力量和排头兵，加强南疆农村基层党组织建设，关键是要建设一个政治强、作风硬、工作实的支部领导班子。在新的形势下，深刻把握和理解南疆农村党支部班子建设的目标要求和重要作用，全面总结第一次中央新疆工作座谈会以来南疆农村党支部班子建设的有效做法和经验，深刻分析存在的问题与不足，提出具有较强针对性和操作性的改进措施，对进一步加强南疆农村基层党组织建设具有十分重要的意义。我们选取了喀什地区农村党支部班子建设作为研究对象，通过深入走访、座谈、实地考察，力图从中得到有益的认识和思考。

一、新形势下南疆农村党支部班子建设的目标要求

第一次中央新疆工作座谈会以来，中央和自治区高度重视南疆工作，特别是习近平总书记在第二次中央新疆工作座谈会讲话中强调指出，对南疆发展，要从国家层面进行顶层设计，实行特殊政策，打破常规，特事特办。为了落实中央关于南疆发展的决策部署，自治区党委在八届七次全委（扩大）会议上对南疆工作提出了明确要求要下大力气，搞好南疆工作，并经过深入调研，于 2015 年 11 月召开了南疆工作会议，明确了要牢固确立基层党组织的领导核心地位，培养坚强有力的村（社区）党组织班子，在推动发展、服务群众、凝聚人心、促进和谐等方面充分发挥战斗堡垒作用的目标任务。

在新形势下，南疆农村基层党组织要认真落实中央和自治区关于做好南疆工作的决策部署，努力推动促进经济发展、反对暴力恐怖、维护民族团结、宗教去极端化等多重任务的有效实现，必须建设一支政治立场坚定、发展思路清晰、维稳工作得力、宗教管理有方、服务群众到位、工作作风过硬的党支部班子队伍。政治立场坚定就是对党忠诚，政治敏锐性强，严守党的政治纪律和政治规矩，在反对分裂、维护稳定等重大问题上头脑清晰、态度明确、行动坚决，不做“两面人”。发展思路清晰就是能较为全面的把握中央和自治区关于南疆农村发展的要求，将上级的决策部署与本地实际紧密结合，既能坚持原则，又不失灵活性，合理制定符合本村实际的发展规划，努力做到发展经济有思路，改善民生有办法。维稳工作得力就是能认真落实各

项维稳措施，确保不走过场、不应付了事，通过细致的群众工作和严密的维稳措施，夯实南疆农村稳定的社会基础。宗教管理有方就是能依法依规管理宗教事务，做到既要坚决维护群众信仰宗教的自由，又要坚决治理非法宗教活动，深入推进去极端化工作。服务群众到位就是能够坚持党的群众工作路线，认真执行各项服务群众的制度规定，积极回应群众诉求，为群众做好事、解难事、办实事，真正实现“民有所呼，我有所应”。工作作风过硬就是在落实各项惠民政策时，坚持公平公正公开的原则，坚决做到不优亲厚友、不吃拿卡要，服务群众不计回报、不讲条件。

二、第一次新疆工作座谈会以来喀什地区加强农村党支部班子建设的主要做法与成效

喀什地区在南疆四地州的地位极为重要，是祖国的西大门，是我国向西开放的桥头堡和通往中亚、南亚、西亚的国际大通道，是“一带一路”倡议的重要支撑点。特殊地理位置、特殊区情和特殊历史阶段，使喀什地区基层组织建设面临的形势异常复杂，维护稳定、发展经济、改善民生的任务十分艰巨。当前，喀什地区共有党组织7902个，其中2335个村党支部；党员17.47万名，其中农牧民党员8.29万名，占47.45%。因此，农村党支部班子建设状况直接关系到喀什地区的社会稳定和长治久安总目标的实现程度。

第一次中央新疆工作座谈会以来，喀什地区认真贯彻落实中央和自治区关于加强基层党组织建设工作的要求，始终坚持民生优先、群众第一、基层重要的方针，高度重视农村党支部班子建设，通过加强教育培训、拓宽选拔渠道、整顿软弱涣散基层组织、下派第一书记、完善激励机制、“访惠聚”活动的“传帮带”等途径，经过六年来的努力，基本配强配齐了农村党支部班子，初步实现了农村党支部班子政治比较过硬，发展思路比较开阔，维护稳定比较得力，群众认可度不断提高、领导核心作用得到较好发挥的目标。

（一）加大对农村党支部班子成员的培训力度

第一次中央新疆工作座谈会以来，喀什地区经济社会的快速发展，极大

的改变了农村发展的落后面貌，各项惠民政策和稳定措施总体上都得到较好的落实与贯彻。但是，喀什地区农村党支部班子整体素质偏低，存在对党和国家的政策理解不透彻、执行不到位、落实不得力的问题，不能完全适应新的形势需要。

为了更好地解决这个问题，喀什地区加大了对农村党支部书记的培训力度，全面实施“万名村干部能力素质提升工程”，开展了村干部的系列培训工作，着力建设具有新疆特色、践行“喀什责任”的村党支部班子队伍。在培训目标上，让村党支部班子成员懂政策、知法律、重策略、讲方法，着力解决能力素质不足的问题。在培训对象上，以村党支部书记为主，村副职干部、村团支部书记、村妇代会主任和村会计等为辅。在培训内容上，重点培训政治理论、维护稳定、法治教育、宗教知识、“双语”和各项惠农政策基本内容、政策执行程序、补助标准等内容，着力提高村党支部班子成员政策理论水平。在培训方式上，以县乡党校为基础，自治区村级组织骨干培训为示范，“访惠聚”工作组派出单位培训为带动，差异化培训为支撑，整合多方培训资源，努力提高培训质量。仅 2015 年，喀什全地区就培训了 600 名村级组织骨干，并分 5 期对 504 名软弱涣散基层党组织书记进行集中培训。同时，选派了 130 名村级组织骨干赴自治区参加第二轮示范培训，12 名各领域基层党组织书记参加中央组织部、自治区党委组织部举办的新疆基层党组织书记培训示范班。各县市也认真落实喀什地委的部署，注重对村党支部班子队伍的培训。叶城县每年对 313 名村党支部书记进行坚定理想信念、学习党的方针政策、提升工作能力等方面培训；定期组织村党支部书记收看“红色电影”、阅读“红色书刊”，开展革命传统教育；利用对口援疆省市的优势培训资源，先后选派 50 名优秀村支部书记赴内地发达省市参观学习。塔什库尔干县认真落实村党支部书记交叉挂职锻炼培养机制，将位于海拔 3000 米的高寒山区的 45 名村党支部书记，分批派往对口帮扶平原村，进行为期 1 个月的挂职培养锻炼，帮助村党支部书记开阔眼界，提升理论水平和工作能力。麦盖提县、巴楚县建立了“召回式”集中培训制度，对政治立场坚定、服务群众热情高，但思路不清、方法不当、工作较为滞后的村党支部书记，进行召回培训，并由县委书记在培训期间对其进行谈话考核，合格的返回原岗位工作，不合格的安排补考，督促村党支部书记完善能力素质。喀什市、疏勒县建立结对帮带重点培训制度，由县、乡党委书记、“访惠聚”活动工作组组长与软弱涣散村党支部书记“3+1”结对帮带制度，注重在思想上引、经验上传、方法上教，使村党支部班子领导水平和工作能力显著提升。

（二）拓宽村党支部班子成员选拔范围

喀什农村党支部班子成员大都来自当地，导致文化水平比较低，工作易受各种人情关系影响，个别地方家族势力对村支部工作存在干扰，甚至落实惠民政策时会出现违规违纪行为。因此，个别农村党支部班子领导能力比较弱，在群众中的威信不高。为了解决这个问题，喀什地区大胆探索和改革农村党支部班子成员选拔办法，坚持政治坚定、廉洁自律、服务群众、引领发展、维护稳定的选用标准，选好配强村党支部班子。

喀什地区从2008年起共选聘2864名中央计划内高校毕业生到村（社区）任职，牢牢把握“育、管、用”等关键环节，确保大学生村官“留得住、用得上、发挥作用”。目前全地区有983名大学生村官在岗服务，243名大学生村官进入村“两委”班子，17人担任村党支部书记。按照中央和自治区党委选派第一书记的部署要求，全地区共选派1471名党员干部担任所有软弱涣散村、扶贫开发村、边远艰苦村、重点复杂村第一书记。下发了《关于加强村级第一书记管理工作的通知》，明确职责任务，理顺工作关系，建立相关制度，确保第一书记下得去、干得好、有作为，充分发挥“指导、引领、协调、监督”作用。通过这些努力，一定程度上改善了喀什农村党支部班子成员结构，有利于提高农村党支部班子的整体工作能力和领导水平，发挥了较好的示范带动作用。

（三）狠抓农村软弱涣散基层党组织整顿工作

习近平总书记在考察新疆时，明确要求对软弱涣散的基层党组织，集中力量、集中时间进行整顿。自治区党委要求整顿软弱涣散基层党组织，要多渠道配强配齐能发挥领导核心作用的基层党组织领导班子。

喀什地区紧紧抓住村党支部班子建设这个中心任务，坚持强化责任、传导压力，狠抓软弱涣散基层党组织整顿工作。全区共摸排确定了504个（村469个，社区35个），党支部为软弱涣散基层党组织，占总数的20.02%，并制定下发《喀什地区关于县级领导干部包联软弱涣散基层党组织工作管理考核办法（试行）》，全方位抓好软弱涣散基层党组织整顿。关键就是对软弱涣散基层党组织班子进行调整，全区504个软弱涣散村（社区）班子中，优化配备班子478个，调整配备党组织书记343人、调整配备副职1273人。通过综合施策，软弱涣散村（社区）整顿工作取得阶段性成效，党支部凝聚力战斗力得到增强，村级政治环境和社会风气有所净化，村干部敢于主动发声亮剑，支部班子领导作用发挥更加明显，群众精神面貌焕然一新，基层党组织满意度和信任度得到提高。

（四）大力培养农村党支部班子后备干部

村党支部班子后备干部队伍建设是推进农村基层党组织建设，优化村级干部队伍结构，提升村党支部班子可持续发展能力的重要举措；是建设富裕文明、安定团结、和谐美好的南疆新农村的迫切需要。近年来，由于喀什地区经济社会快速发展，大量农村有为青年外出经商务工，加之稳定形势比较复杂，村干部的工作压力大，待遇、地位等又缺乏吸引力，部分村级干部选配较难。为此，喀什地区着眼长远，提前准备，积极探索村党支部后备干部培养的新方法新路子，为村党支部干部的成长铺路搭桥，着力解决村党支部班子后备干部储备不足、动力不强、能力不够的问题。

喀什地区采取“培养方案一对一、培养措施一对一、培养方向一对一、培养责任人一对一”的方式，深入实施“万名后备干部培养工程”，建立村级后备干部队伍库。截至目前，全地区共培养村级后备干部39950人，其中村党组织书记后备人选4670人，村“两委”副职后备干部35280人，为2016年村“两委”班子换届选举做好了准备。比如，疏附县从2014年底开始，大力实施“千名村级后备干部培训”工作，注重从农村“四老”人员子女、“两代表一委员”子女、大学生村官、致富能手、回乡大中专毕业生、村协警、复员军人、外出务工返乡农民党员中发现、培养、选拔村级后备干部，持续为村干部队伍注入新鲜血液。坚持每年培训300人，实现三年培训

1000名村级后备干部的目标。目前，第一批150名村级后备干部即将结束集中培训到村“两委”实践锻炼，第二批150名学员的选拔工作正在有序进行。喀什市则通过村“两委”班子提议，村党支部“两推一选”（党员民主推荐、群众推荐测评、党内民主选举）和“海推直选”的办法确定后备干部人选。对后备干部开展为期7个月的封闭式培训，重点学习党的理论知识、民族团结、宗教政策、廉政建设、农村经济发展等内容。由村“两委”班子及“访惠聚”工作组为后备干部设定工作岗位进行实践锻炼，组织部门定期督察后备干部岗位实践锻炼情况。对表现优异的，重点培养和使用，对发挥作用不明显或群众满意度较差的，取消其后备资格，形成了多渠道选拔、全方位培训、多岗位锻炼、规范管理的村党支部后备干部选拔培养思路。

（五）完善村干部保障激励机制

村干部是南疆农村建设的直接推动者、组织者和实践者，是中央和自治区关于南疆农村工作决策部署落实的中坚力量，担负着极为重要的维护稳定与促进发展的职责和使命。村党支部班子更是领导核心，其工作的积极性、主动性决定了整个南疆村干部队伍的工作状态。但由于南疆农村稳定与发展的任务极为艰巨，而长期以来村干部的工资待遇、社会保障等没有明确的保障，以村党支部班子为代表的部分村干部在工作中存在畏难情绪，这直接影响了南疆农村稳定与发展。对此，中央和自治区党委明确要求适度扩大从优秀村党组织书记中招录公务员和招聘事业编制工作人员的比例，提高村干部的报酬待遇。

喀什地区结合工作实际情况，认真落实中央和自治区的要求，不断完善村干部的激励机制，极大地激发了以村党支部班子为代表的村级干部工作潜力和热情。一是着力解决村干部的身份问题。2015年，全区共招录15名优秀村党支部书记为乡镇（街道）公务员，形成了良好的用人导向。二是提高在职村级干部的报酬待遇。比如，疏附县村正职每月报酬不低于1851元、副职每月报酬不低于1137元，村民小组长每月报酬不低于500元。叶城县则在2013年、2014年连续两年共选聘94名村干部享受公务员工资待遇，每月工资达2500元。三是细化村干部考评、考核激励竞争机制。疏附县每年拿出100万元对年底考核优秀的50个村进行奖励（每个村2万元），叶城县、疏附县等县市认真落实村集体经济收入20%作为村干部绩效报酬的制度，极大激发了村干部队伍维护稳定、推动发展的主动性和积极性。

（六）充分发挥“访惠聚”工作队的“传帮带”作用

2014年起，自治区党委决定，分三批共下派20万名机关干部开展“访民情、惠民生、聚民心”活动。“访惠聚”活动以做好群众工作、加强基层组织、推进去极端化三项重点工作，统领转变干部作风、加强民族团结、促进宗教和谐、保障改善民生、维护社会稳定、强化基层基础六项基本工作，努力争取民心，凝聚人心，为新疆社会稳定和长治久安打下坚实基础。

喀什地区紧紧抓住开展“访惠聚”活动的契机，坚持服务群众、维护稳定，及时总结经验做法，推动活动深入开展。2015年区、地、县共选派1.36万余名干部组成2079个工作组，全面落实村（社区）党组织、工作组、警务室（武工队）“三位一体”“四个共同”[①]“两好”机制[②]，形成做好群众工作、加强基层组织、推进“去极端化”的合力。“访惠聚”工作组以解决“人、制度、活动”问题为关键，围绕就业、教育、扶贫三项重点工作，帮助村党支部班子理清发展思路、做好稳定工作、依法治理非法宗教活动、深入推进去极端化。2015年，在各级工作组的协助和带领下，喀什地区村（社区）共排查化解矛盾纠纷4.1万件，协助查缴非法反动宣传品2.83万件，协助取缔地下讲经点197个，教育转化“蒙面罩袍”妇女、“留大胡子”青年等受极端宗教思想影响人员8791人次；引进项目1445个、涉及金额5.95亿元，帮助群众就业7.25万人，协调发展小微企业4904家，为群众办实事好事7.07万件。在“访惠聚”工作组的大力支持下，村党支部为群众办好民生实事，以民生改善的实际成效，让各族群众切身感受到党和政府的关怀与温暖，逐步建立和强化了村级党组织的威信，形成了“有问题找支部、有困难找干

① “四个共同”是指：村（社区）党组织、工作组、警务室共同学政策、学文化、学双语；共同研究、谋划、部署工作；共同访民情、解民忧、惠民生；共同承担加快经济发展、促进宗教和谐、维护社会稳定的责任。

② “两好机制”是指：好人让基层干部当、好事让基层组织办。

部”的良好风气。

（七）完善加强农村党支部班子建设的制度

做好新疆工作，基础在基层，力量在基层，问题在基层。要坚定不移把抓基层、打基础作为稳疆安疆的长远之计和固本之举，坚定不移地将基层党组织建设成为促进民族团结、维护社会稳定、反对国家分裂的坚强战斗堡垒目标的基础，关键在于建设一支合格的党支部班子队伍。喀什地委围绕这个目标要求，积极探索，努力完善加强农村党支部班子队伍建设的制度体系，力图从制度上解决农村党支部班子建设的持续健康发展问题。

一是制定完善各级领导抓好基层党建的制度。喀什地委围绕“两个坚定不移”的目标，坚持“围绕总目标、查找薄弱点、案件汲教训、工作抓落实”，把基层党建工作纳入地委重要议事日程，与中心工作同研究、同部署、同考核。制定《喀什地区完善党员干部直接联系群众制度的实施意见》形成以上率下、层层传导压力的良好导向，着力抓好农村基层党建工作。

二是以制度强化农村基层党组织政治引领功能。喀什地区相继制定下发了《关于县市委直接抓村级党组织建设的意见》、《关于进一步强化维稳责任，着力解决“三个清楚与不清楚”[①]问题的办法》、《关于解决基层干部对非法宗教活动不敢管、不愿管、不会管问题的实施意见》等文件，把着眼点和着力点集中到维护稳定和长治久安上，为村党支部班子建设和作用发挥提供了有力的指导。

三是健全各项日常工作制度，规范管理，促进村党支部班子有效开展工作。制定《喀什地区村干部、村民小组长、“四老”人员、宗教人士、协警员、十户长（楼栋长）和民兵报酬定期集中发放办法》《喀什地区惠农惠民补贴资金发放管理办法》等，有效纠正了各项惠民政策落实中存在的不正之风。制定《关于在全地区村级党组织深入开展“五无村”[②]创建工作的意见》，把“五无村”创建作为村党支部班子工作的直接目标和考核依据。全

① “三个清楚与不清楚”，即在维稳工作存在的村里清楚装不清楚；乡里不清楚装清楚；县市想弄清楚而弄不清楚的问题。

② 五无村，即无暴力恐怖案件、无非法宗教活动、无群体性上访、无计划生育超生、无贪污腐败干部。

面落实“好人让基层干部当、好事让基层组织办”机制，把为群众服务的事权直接下放给乡村党组织，增强了基层党组织和村党支部班子为民办事的话语权与执行力。实行村级组织“星级化”[①]动态管理，将“星级”创建与民族团结进步、宗教界“双五好”[②]创建成效，同村党支部班子绩效报酬和年度考核评先选优、推荐表彰奖励、从优秀村党支部书记中招录乡镇公务员、解决乡镇事业编制待遇等挂钩，促进了村党支部班子履职尽责。完善“三会一课”、“三册一簿”[③]、民主评议党员、党员党性分析等党内基本制度和“四议两公开”、“两会两票”、“三务公开”等民主管理制度的落实，村级组织运行管理趋于规范。

三、进一步加强喀什地区农村党支部班子建设的对策建议

喀什地区农村党支部班子建设在过去几年取得了显著成效，但是，通过调研，发现仍然存在一些问题，影响着农村基层党组织领导核心作用的进一步发挥。比如，对加强农村基层党的建设重要性认识不到位，对农村党支部建设指导较少；个别乡镇分管党建工作负责人对加强农村党支部班子建设思路不清、措施不力；对农村党支部班子成员培训缺乏针对性和可持续性，培训效果不理想；下派第一书记工作在个别地方落实不到位，形式主义比较严重，管理考核机制不健全；部分村党支部班子年龄结构老化，后备干部培养不足；一些村党支部对党员队伍建设不力，党员作用发挥不明显，一定程度上削弱了村党支部的威信，影响了领导核心作用的发挥；一些村党支部制度落实不到位，工作的随意性较大，缺乏长远规划和思路等。为此，对进一步加强和改进喀什地区农村党支部班子建设，提出如下对策建议。

---

① 领导核心星、能力提升星、民主管理星、平安法治星、宗教和谐星、民族团结星、科学发展星、现代文明星。

② 五好宗教活动场所（团体）：爱国爱教好、遵纪守法好、民主管理好，团结互助好、环境美化好。五好宗教界人士：爱国爱教好，遵纪守法好，思想品德好，团结互助好，服务精神好。

③ “三册一簿”，即支部工作手册、党员管理手册、党费收缴手册和党员学习薄。

（一）严格落实农村党支部班子建设主体责任

1. 要制定完善农村党支部班子建设成效评价机制

围绕政治立场坚定、发展思路清晰、维稳工作得力、宗教管理有方、服务群众到位、工作作风过硬的要求，结合喀什农村发展和稳定工作实际，制定科学合理、责任明确、简单有效、多方评价的农村党支部班子建设成效考核评价机制。把县、乡党委对农村党支部班子建设的规划、指导等工作的具体情况纳入考核评价内容，采取上级党委组织部门评价、县乡党委自评和农村党员群众民主评议等多种方式，进行全方位的评价。从而引导基层党委高度重视农村党支部班子建设，认真落实主体责任。

2. 是进一步完善下派第一书记工作

建立下派“第一书记”的定期培训交流制度。通过培训，使下派同志能深刻认识下派“第一书记”工作的重要性，在工作中能够摆正位置，协调处理好与村党支部之间的关系，激发群众创业致富、维护稳定的活力，夯实基础，充分发挥“指导、把关、督促、协调、服务”的作用，形成工作合力。定期组织召开工作交流会，通过每季度集中座谈、实地观摩等方式，加强“第一书记”的沟通交流，探讨解决工作中的问题，切实提高工作水平。完善下派“第一书记”管理制度。乡镇党委要强化责任意识，结合实际情况，明确“第一书记”的工作目标、工作任务等；要通过乡镇干部与“第一书记”结对帮扶，帮助“第一书记”提升农村群众工作能力，使其尽快转变角色，融入农村；要切实抓好“第一书记”日常管理，严格各项规章制度，加强监督检查，使“第一书记”能够真正认真履职，充分发挥作用。完善下派“第一书记”考核奖惩制度。定期组织相关部门通过听取汇报、个别谈话、群众测评等方式，对“第一书记”工作开展情况进行考核，激发工作的主动性和积极性；针对某项重点工作开展专项考核，督促其抓好工作落实，创造性地开展工作；强化任期考核，“第一书记”任职期满时，以组织部门为主导，由村“两委”班子成员、全体党员和村民代表对其工作表现进行民主测评。同时，将考核结果同下派“第一书记”的提拔任用、评优评奖紧密结合，达到通过严格考核，激励工作的目的。

3. 强化对“访惠聚”活动工作组加强农村党支部班子建设成效考核

自治区党委明确要求，“访惠聚”活动工作组要以加强基层组织、推进“去极端化”、保障改善民生“三项重点工作”统领“六项任务”。因此，农村党组织班子建设成效也必须纳入“访惠聚”活动工作组考核内容。要围绕把农村党支部班子建设成为坚强领导核心，全方位考核“访惠聚”活动工作组对村支部班子成员在理论上教、思想上领、工作上帮的成效；帮助培养选拔支部后备干部工作成效；完善支部各项制度工作成效；帮助培养发展党员工作成效等。要通过全方位的考核，坚决克服以单纯的物质帮扶代替落实加强基层党组织建设各项措施的错误倾向，真正打造一支“永不走的工作队”。

（二）进一步完善加强农村党支部班子建设的相关制度

1. 进一步完善农村党支部班子成员长效培训制度

在现有培训基础上，要完善对村党支部班子的定期轮训制度，充分发挥县乡党校、“访惠聚”工作组、对口援疆和精准扶贫单位的作用，努力使村党支部班子成员每年至少参加一次培训，切实提高思想认识水平和领导能力。要完善对村党支部班子成员的专题培训制度，围绕农村党建、惠农政策、农村法律、精准扶贫、宗教管理等相关工作，对农村党支部班子成员开展专题培训，增强培训的针对性和有效性，切实解决在具体工作中存在的问题。

2. 进一步强化农村党支部班子建设激励保障机制

要加大从优秀农村党支部班子成员中录用乡镇基层公务员的比例，解决农村党支部班子成员政治出路，使其工作有“盼头”。对特别优秀的村党支部书记、村委会主任，可以在综合考虑其表现和能力的基础上，考虑将其纳入乡镇领导班子。要形成农村党支部班子成员工资待遇逐步增长机制，使其工作有“想头”。逐步提高农村党支部班子成员，特别是贫困和偏远农村、维稳工作压力较大的农村党支部班子成员待遇，并形成根据工作年限、表现情况等待遇规范增长机制，使农村基层党组织干部能够全身心投入工作，安心服务群众，尽心维护稳定。

3. 进一步完善农村党支部后备干部培养机制

要着力解决后备干部培训的持续性问题。喀什地区近年来高度重视农村党支部后备干部培养，成效明显，但还需要防止和解决只培训，不管理的问题，持续跟踪培训，帮助后备干部在成长过程不断提高能力素养，确保真正能够培养出合格的村党支部后备干部。要完善后备干部考核淘汰机制。以政治素质高为根本，学习能力强为根本基础，观念更新快为要旨，群众满意度高为标准，严格落实末位淘汰机制，强化对后备干部的考核淘汰，激发他们的潜力，努力发挥自身的才能，在实践中不断成长。

4. 进一步完善农村党员队伍培养发展机制

要针对喀什农村党支部和党员在反恐维稳、促进民族团结等方面所需承担特殊责任和义务，按照控制总量、优化结构、提高质量、发挥作用的要求，坚持“成熟一个、发展一个”的原则，更加严格发展党员的程序。坚决纠正为了发展党员而发展的错误做法，确保能将有理想、有能力、有知识的农村青年发展成为党员，使喀什农村党支部班子建设后继有人。要充分发挥团组织在培养发展党员工作中的积极作用，借助“访惠聚”活动工作组对村级团组织的指导帮助，从返乡大学生、青年致富能手、青年民兵、青年乡土能人等群体中选拔培养一批政治立场坚定、想干事敢干事能干事的青年作为村级团组织成员，并通过教育引导，逐步培养成为党员。要对喀什农村“80”“90”后进行全面摸底建档，了解把握其思想情况，对表现积极，在大是大非问题上态度明确，热心村集体事务的青年，进行正面教育引导，引导他们向党组织靠拢。

5. 进一步加大对农村基层党组织经费投入，形成动态经费投入保障机制

要建立完善基层党组织运转经费正常增长机制，加大对村基层党组织运转经费财政保障力度。要根据“一定三有”要求，保障人员经费落实，确保基层党组织领导干部待遇不打折扣。要针对基层稳定工作形势，形成经费投入动态调整机制，结合稳定工作的新特点、新变化，及时调整经费投入，确保“好钢都能用到刀刃上”，提高经费使用效率，使农村党支部班子工作有抓手，有力量。

（三）强化村党支部各项工作制度落实

1. 强化农村党员教育管理制度落实

喀什地区农村党支部班子要抓住“访民情、惠民生、聚民心”活动中党校系统“送教下基层”的契机，建立农村党员定期培训制度，提高农村党员的基本理论素养，夯实思想基础。要高度重视各村老党员在群众的威信，乡镇党委和村党支部组织老党员宣讲队，通过他们的言传身教，充分发挥他们的带动作用，带动其他党员认真履行义务，发挥先锋模范作用。要加强对信仰宗教的党员教育管理，屡教不改者，严格按照党的纪律予以处置，确保党员队伍的纯洁性，增强党员队伍的凝聚力。

2. 完善村党支部班子联系服务群众机制

要以“三位一体”机制的落实为抓手，建立完善以村党支部为核心，“访惠聚”工作组为指导，村警务室紧密配合的联系服务群众机制。建立和完善联席会议制度、联合走访制度、联帮解困制度、联勤联防制度、错时值班和联合巡逻制度等工作制度，有效整合资源，提高村党支部班子联系服务群众能力和水平。要严格落实“好人让基层干部当、好事让基层组织办”的工作机制，“访惠聚”活动工作组争取到的项目和惠民政策，由村支部具体组织实施，工作组积极参与指导，大力发挥村党支部班子的领导作用，通过为民办好事、办实事、解难事，增强村党支部的凝聚力和向心力。完善村党支部班子成员密切联系群众的机制，推动村“两委”班子每位领导联系一位困难群众，帮助他们解决生产生活中遇到的问题和困难，密切党群干群关系，使党员干部真正成为群众的贴心人。

3. 强化村党支部班子成员监督机制

要切实落实党务公开制度，确保群众的知情权。县乡党委要将村级党务公开情况纳入村党支部班子工作考核，实行定期检查、定期评定、定期考核，督促村党支部班子认真落实党务公开制度，强化群众监督。要强化专门监督检查，县乡党委会同“访惠聚”活动工作组，定期对村党支部班子在党组织建设、遵守党的纪律、惠民政策落实等方面的工作进行专门的监督检查，确保村党支部能将各项政策落实到位，使群众能得实惠。要完善村规民约，强化村务监督委员会的作用，拓宽群众参与村务的渠道，克服“四议两公开”等具体制度执行中的形式主义，真正保障群众的参与权、监督权有效实现，使村党支部班子能够正确行使手中权力，全心全意为人民服务，夯实喀什发展与稳定的群众基础。

（本文系 2015 年全国党校系统重点调研课题成果）

“访惠聚”驻村工作视角下南疆农村基层党组织建设调查研究

【摘要】南疆是做好新疆工作的关键，是反恐维稳的重点地区、前沿阵地、主战场，南疆农村基层党组织是实现南疆社会稳定和长治久安的坚强领导核心。2014年以来，自治区党委决定在全疆开展“访民情、惠民生、聚民心”驻村工作，把基层党组织建设作为一项重点任务进行了安排和部署。三年来，南疆各级驻村工作队深刻认识到加强农村基层党组织建设的重大意义，在驻村工作中根据南疆农村基层工作实际，认真贯彻落实自治区党委关于加强基层党组织建设的部署，从党支部班子、党员队伍建设、后备干部培养、阵地建设、工作制度完善等方面，全方位加强南疆农村基层党组织建设，成效明显。同时，在实践中也存在一些不足，需要进一步改进完善，才能使南疆农村基层党组织始终成为服务群众、维护稳定、反对分裂的坚强战斗堡垒，夯实实现新疆工作总目标的组织基础。

2014年2月，自治区党委决定在全疆开展“访民情、惠民生、聚民心”驻村工作（简称“访惠聚”驻村工作）。三年来，“访惠聚”驻村工作紧紧围绕维护社会稳定、促进民族团结、夯实基层基础、推动经济发展、落实精准扶贫等重点工作，进一步打牢了做好新疆工作的基础，成效显著。对此，自治区党委强调，开展“访惠聚”驻村工作，是贯彻落实以习近平同志为核心的党中央治疆方略特别是社会稳定和长治久安总目标的重要举措，是争取人心、密切联系群众的重要举措，是夯实基层基础、巩固党在新疆执政地位的重要举措，是打赢脱贫攻坚、全面建成小康社会的重要举措，是转变干部作风、建设高素质干部队伍的重要举措。系统分析三年的“访惠聚”驻村工作实践，加强基层党组织建设是一项关键任务，必须将村级党组织建设成为服务群众、维护稳定、反对分裂的坚强战斗堡垒，才能保障“访惠聚”驻村工作其他任务目标的有效实现。而做好南疆农村工作，是实现新疆社会稳定和长治久安的重要基础，为此，对“访惠聚”驻村工作加强南疆农村基层党组织建设的经验进行全面总结，紧密结合当前南疆农村基层工作实际查找不足，并提出改进的意见建议，对进一步做好南疆“访惠聚”驻村工作，推动实现新疆工作总目标具有十分重要的意义。

一、“访惠聚”驻村工作加强南疆农村基层党组织建设的有效做法

习近平总书记指出，做好新疆工作，关键是要发挥党总揽全局、协调各方的领导核心作用，全面加强和改进党的建设，为新疆社会稳定和长治久安提供坚强政治保证。基层党组织是凝聚和团结新疆各族人民，为实现新疆社会稳定和长治久安总目标共同奋斗的桥梁和纽带，不断加强基层党组织建设是党的领导核心作用发挥的基础，是做好新疆工作的基础所在。2015 年 11 月召开的南疆工作会议，坚决贯彻落实第二次中央新疆工作座谈会精神，强调着力强化基层基础工作，要坚定不移把抓基层、打基础作为稳疆安疆的长远之计和固本之举，坚定不移将基层党组织建设成为促进民族团结、维护社会稳定、反对国家分裂的坚强战斗堡垒。指出要集中力量在村一级用劲，选好配强村党组织书记，加强村级党员干部队伍，支持村级组织开展工作，增加威信，把软弱涣散组织整顿好；要狠抓基层干部作风建设，对损害群众利益的，发现一起查处一起，决不姑息迁就；要持续深入推进“访惠聚”活动，不断培养出顶得上、起作用的基层骨干，留下一支“永远不走的工作队”。三年来，“访惠聚”驻村工作紧紧围绕加强基层党组织建设，把抓基层、打基础作为稳疆安疆的长远之计和固本之举，努力把基层党组织建设成

为服务群众、维护稳定、反对分裂的坚强战斗堡垒，让党的旗帜在每一个基层阵地上都高高飘扬起来。南疆各级“访惠聚”驻村工作队以领导班子建设为根本，以党员队伍建设为基础，以提高反恐维稳能力为重点，以完善体制机制为保障，以服务和改善民生为目标，将基层党组织的政治功能和服务功能有机结合，整合南疆社会基层的各种力量，全方位加强南疆农村基层党组织建设。在实践中通过服务，更好地贴近群众、团结群众、引导群众、赢得群众，使基层党组织的领导方式、工作方式、活动方式更加符合服务群众的需要，增强了南疆农村基层党组织贯彻落实中央和自治区各项决策部署的自觉性与坚定性，成为推动经济社会发展、反恐维稳、维护民族团结的战斗堡垒，较好地发挥了南疆农村基层党组织的领导核心作用。

（一）建设强有力的党支部领导班子

火车跑得快，全靠车头带。基层党组织建设的首要任务是建设一个强有力的党支部领导班子。“访惠聚”驻村工作队紧密结合南疆农村基层党组织建设实际，多措并举，不断提高党支部班子领导能力和执政水平，为做好南疆农村社会稳定和长治久安提供了坚强的领导力量。

1. 以改善结构为导向，配齐配强党支部领导班子

南疆农村党支部班子的是党组织发挥领导核心作用的关键，是扎实落实自治区党委关于实现南疆农村社会稳定和长治久安各项措施的具体执行者，配齐配强南疆农村党支部班子，有利于团结南疆农村各族人民夯实南疆农村工作的群众基础；有利于提高南疆农村党支部班子的领导能力，巩固南疆农村工作的组织基础，有利于增强南疆农村基层党组织的凝聚力和战斗力。各级“访惠聚”驻村工作队与当地党委紧密协助，结合长期以来南疆农村基层党组织领导班子建设存在的年龄偏大、文化素养偏低等问题，认真落实各项举措，把配齐配强党支部领导班子作为一项头等大事，抓紧抓实。一是拓宽党支部班子成员选拔范围。“访惠聚”驻村工作队通过与当地党委的配合，按照政治坚强、作风过硬、务实工作、引领致富、心系群众、办事公道、群众拥护的标准，从大学生村官、退伍军人、乡镇干部等群体中培养和选配村党支部班子成员，逐步改善南疆农村党支部班子结构，以喀什为例，仅 2016

年，“访惠聚”驻村工作队就协助选配村党组织书记1590人。二是认真落实下派“第一书记”的工作。全部“访惠聚”驻村工作队严格落实工作队长兼任村党支部“第一书记”的要求，把村党支部工作纳入到“访惠聚”驻村工作的整体部署中去，充分发挥自身理论水平较高的优势，带动村党支部班子科学的开展工作，增强领导能力。三是严格整顿软弱涣散基层党组织领导班子。“访惠聚”驻村工作队认真抓好整顿软弱涣散基层党组织的工作任务，协助乡镇党委指导村党支部找准突出问题，建立整改清单，将问题整改与深入开展“五无村”①“十星级”党支部②创建、“揭盖子、挖幕后”捆绑推进、相互促进，抓好软弱涣散基层党组织整顿巩固提升，增强了整顿的针对性和实效性。

2. 以培训教育为基础，提高党支部班子基本素质

注重培训教育是党的思想建设的重要内容，是全面从严治党的一项经常性、基础性工作，对提高党员干部的素质具有十分重要的意义和作用。南疆农村党支部班子作为贯彻落实新疆工作总目标战略部署的重要力量，肩负着反恐维稳、宗教管理、民族团结、经济发展、民生改善等各项工作，其能力素质直接关系到南疆工作的成效。“访惠聚”驻村工作队充分发挥自身优势，多方协调，加强对南疆农村基层党组织领导班子成员的培训教育，不断提高其基本素质。以A机关驻村工作队为例，一是由自治区党委组织部统一安排，A机关具体承担，开展为期三年的“访惠聚”驻村工作“送教下基层”活动，以基层党组织领导班子为重点，设置“如何当好村党支部书记”、“党员干部是群众的贴心人”等具有较强现实需求的专题，进行培训教育。仅2016年就抽调队员，担负疏附县、疏勒县和喀什市“两县一市”的宣讲任务，开展宣讲24场，受教育干部群众1.2万多人次，取得良好效果。二是创新培训教育方式，增强培训的针对性和有效性。“访惠聚”驻村工作队派出单位通过开办村党支部书记专题培训班、组织异地参观考察、举行经验交流座谈会等多种方式，对南疆农村党支部班子成员进行培训教育，开阔视野，

① 无暴力恐怖案件，无非法宗教活动，无群体性上访事件，无计划生育超生，无贪污腐败干部。

② 领导核心星、能力提升星、民主管理星、服务群众星、维护稳定星、宗教和谐星、民族团结星、增收致富星、精神文明星、清正廉洁星。

提升能力。比如，自治区住房和城乡建设厅，先后组织所驻村党支部班子成员到英吉沙县、岳普湖县、疏附县等地观摩学习庭院经济、地毯和刺绣合作社建设经验。自治区民宗委组织所驻村党支部班子成员参加自治区民委（宗教局）在乌鲁木齐举办的民族、宗教知识培训班；组织“爱国、感恩”考察团，赴“京津冀”学习参观。

3. 以“传帮带”为载体，提升党支部班子的领导能力

“访惠聚”驻村工作队利用自身政策理论水平较高、视野开阔、思路灵活的优势，坚持“指导不领导、到位不越位、参与不干预、帮办不包办”的原则，注重传经验、教方法、带队伍。各级工作队通过帮助村党支部深入学习党和国家的惠民政策，提高政策水平；帮助村党支部完善维稳措施和预案，提升维护社会稳定的能力；帮助村党支部理清发展思路，制定村集体经济发展规划，增强带领村民发家致富的本领；帮助村党支部实施民生工程，为群众办好事、解难事，提高服务群众能力；帮助村党支部制定“十星级支部”创建计划，完善支部制度规定等，不断提高村党支部班子的领导能力。

（二）多措并举培养发展党员

党员是党的主体，是党的肌体的细胞，党员队伍的质量决定了党组织的创造力、凝聚力和战斗力，影响着党的执政能力和领导水平的提高，关系到党和国家的事业的兴衰成败，必须把高度重视党员队伍建设质量。为此，自治区党委强调，“访惠聚”驻村工作队要积极协助基层党组织做好党员发展工作，在严格标准、严格程序的前提下，每年发展一定数量的新党员，不断壮大党员队伍，努力建设一支对党忠诚、作用突出、数量充足、结构合理的农牧民党员队伍。三年来，各级“访惠聚”驻村工作对坚持把发展农牧民党员和少数民族党员作为强基固本、优化结构的重中之重，把协助村党支部发展党员作为“访惠聚”驻村工作队的硬任务，把政治上强作为发展党员的首要标准，严格按照发展党员的程序和要求，多措并举建设合格党员队伍。

1. 严格党员培养发展的政治标准

《中国共产党发展党员工作细则》明确规定，党的基层组织应当把吸收具有马克思主义信仰、共产主义觉悟和中国特色社会主义信念，自觉践行社

会主义核心价值观的先进分子入党，作为一项经常性重要工作。这是党员培养发展的政治标准，必须始终坚持。各级"访惠聚"驻村工作队以此为依据，根据南疆农村稳定与发展的实际情况，加大对入党申请人政治立场、政治态度、政治表现的考察，特别是将在维护祖国统一、促进民族团结、维护社会稳定和与"三股势力"作斗争等重大问题中是否敢于站出来、豁出去作为培养发展党员的首要政治标准。同时，在党员培养过程中，注重听取村民意见，着力日常生产生活表现，评估关键时刻的行动，全方位考察培养发展对象的政治立场和行动。

2. 拓宽党员培养发展的范围

提高党员队伍质量，意义重大，从源头上严格党员标准，才能使党员队伍充满生机活力。"访惠聚"驻村工作队协助指导村党支部改变以往"守株待兔"的党员发展模式，主动出击，通过多种方式，拓宽党员培养发展的范围，为党员队伍建设提供更为坚实而广泛的基础。在实践中，采取群众推荐、组织推进、自我申请、个别走访、重点培养等方式，坚持成熟一个发展一个的原则，重视在农村优秀青年、致富能手、妇女、大学生村官、村警协警和中小学优秀青年老师特别是少数民族青年教师中发展党员。经过三年的努力，基本实现了新发展党员既有典型的代表性，又有广泛的群众基础，使之成为凝聚实现新疆工作总目标群众力量的重要载体。

3. 完善党员培养发展机制

各级"访惠聚"驻村工作队紧密结合南疆农村发展党员的实际，探索出各具特点的党员培养发展机制。比如阿克苏地区实行发展农牧民党员"25154"机制，每个村每年至少累计储备25名左右优秀中青年作为入党积极分子后备人选，从中至少培养15名左右入党积极分子，再从中至少平均发展4名新党员。并在实践中建立乡镇领导、驻村工作队成员、村干部联系帮带入党积极分子制度，由培养联系人对其跟踪管理，加强思想教育，随时掌握思想动态，按季度对其现实表现进行总结反馈。村党支部每半年对入党积极分子进行一次综合考察，把考察情况作为确定发展对象的依据。和田地区则建立对入党积极分子"一帮一"、"多帮一"进行分别指导，定期进行培养谈话，引导入党积极分子以实际行动积极向党组织靠拢。

经过“访惠聚”驻村工作队、乡镇党委和村党支部的共同努力，南疆四地州农村党员队伍建设取得了显著成效，极大地增强了党员队伍的活力，夯实了党的建设基础。据不完全统计，仅2016年，南疆四地州就发展农牧民党员8600多名，培养入党积极分子62000多名。

（三）加大力度培养村党支部后备干部

村党支部班子后备干部队伍建设是推进农村基层党组织建设，优化村级干部队伍结构重要举措；是建设富裕文明、安定团结、和谐美好的南疆新农村的迫切需要。各级“访惠聚”驻村工作队将村党支部后备干部培养纳入整体工作计划，协助乡镇党委和村党支部立足当前、着眼长远、科学谋划、重点培养，努力培养一支政治过硬、群众认可、年富力强的村党支部后备干部队伍。

1. 高度重视南疆农村后备干部培养工作

根据南疆农村党员队伍整体比较薄弱，稳定形势比较复杂，村干部的工作压力大，待遇、地位等又缺乏吸引力的实际问题，着眼长远，提前准备，积极探索村党支部后备干部培养的新方法新路子，为村党支部干部的成长铺路搭桥，着力解决村党支部班子后备干部储备不足、动力不强、能力不够的问题。比如喀什地区各级“访惠聚”驻村工作队通过工作队员与村“两委”班子成员“结对子”，手把手教思路、教方法、促工作，协助办好村级后备干部、党员培训班，大力实施地区的“带头人三年育人工程”，不断壮大村级后备干部队伍，培养村级后备干部4.62万余名。

2. 多渠道培养村党支部后备干部

各级“访惠聚”驻村工作队围绕建设一支好队伍，采取“选、聘、派”的方式，将思想认识超前、熟悉基层、有措施、有办法的优秀党员充实到农村“十支队伍”中，设岗定责，严明考核，实现“十支队伍”有形有效组建，最基层战斗单元战斗力不断提升。同时，从党员中“选”，从大学生村官、退役军人、致富能手中“挑”，从“十支队伍”中“找”的方式，去发现具有一定培养潜力的党员或青年，进行重点培养，切实解决村级组织后继乏人、后继无人的问题。

（四）建设完善的村级党组织活动阵地

基层阵地是基层党组织建设的重要载体，是基层党组织组织联系群众、服务群众的窗口和纽带，也是发挥基层党组织战斗堡垒作用和加强党员教育管理，组织开展村民文体活动的必备物质条件。"访惠聚"驻村工作队始终把基层阵地建设作为加强基层党组织建设的重要任务，按照自治区党委的安排部署，发挥自身优势，积极协调，多方筹措，着眼实际，强化服务，不断加强基层党组织阵地建设。通过三年努力，南疆农村基层党组织硬件建设实现了"质"与"量"的显著变化，有力地促进了村级基层组织发挥政治凝聚、文化引领、公共服务三大功能，大大增强了村级阵地服务群众的功能，对引导农民过现代文明生活意义重大，发挥了基层阵地维护新疆社会稳定和实现长治久安的重要作用。

1. 新建基层党组织活动阵地和办公场所，着力解决基础设施薄弱问题

针对南疆个别农村村级阵地建设缺失的现象，"访惠聚"驻村工作队千方百计筹措资金，加大投入力度，认真落实自治区党委"5+2"工程部署，新建各类村级阵地，为基层党组织活动提供了有效的载体。比如，中国人民银行总行党委组织部、西安分行党委和乌鲁木齐中支党委下拨40万元党费，专项用于加强基层组织建设。中国外汇交易中心捐建的378平米民俗文化活动中心建成启用，成为党群活动中心、会议培训中心和红白喜事场所。新疆新能源（集团）有限责任公司坚持资源、资金、力量下沉，争取自治区专项扶贫资金60万元，协助完成500平米库勒吐克村村民服务活动中心建设项目。新疆医科大学力推进村级组织阵地"5 + 2"工程建设。改造完善村委会办公场所，建设完成村级周转房、警务室、村民服务中心、文化活动中心、村卫生室、阅览室、广播室等活动阵地。

2. 改造升级现有的村级阵地，提高村级阵地的服务功能

针对南疆部分村级阵地基本建设完成，但配套设施不齐备、功能不完善的问题，"访惠聚"驻村工作队争取项目，投入资金，改造升级，全面提升基层组织建设的"硬实力"，使村委会成为全镇环境最好的院落，成为村民喜欢聚集、孩子喜欢游玩的场所，极大地增强了村级组织的凝聚力。比如，

自治区质量技术监督局 强化“5+2”阵地建设，投入资金美化亮化村委会，改善供水、供电、供暖等基础设施，购买图书影像资料、办公文体器材。自治区食品药品监督管理局驻村工作队对村民小组活动室，采取“小队长或党员提供场所、村委会配备必要设施、工作队给予资金支持”的办法落实，已建成5个小组活动室并投入使用。工作队出资近10万元用于主体工程建设，以及购置桌椅、地毯、音响、制度牌等配套设施。同时筹措20多万元彻底改造了村委会院落，督促建起了村民生活服务中心，新建了百姓大舞台。

3. 完善村级阵地管理制度，最大限度发挥村级阵地凝聚人心的作用

针对南疆农村部分村级阵地管理混乱、责任不明确的问题，各级“访惠聚”驻村工作队与村党支部联合制定相关管理制度，以科学管理提升服务能力，更好团结群众、凝聚人心。“访惠聚”驻村工作队与村委会对办公室、图书室、资料室、活动室、会议室、医务室、警务室和值班室等进行了定人定位，定制度抓落实，确保管理到位，工作规范。充分发挥新建“村民活动中心”的作用，协助村委会开展“一月一场”形式多样的群众活动，将农牧民“三礼一取名”活动集中到村委会举办，将村委会真正建成广大农牧民的“家”，进一步提升了服务功能。有效发挥了村级阵地综合平台作用。

（五）建立健全南疆村级党组织的工作制度

制度建设是带有根本性、全局性、长期性的问题，加强基层党组织的制度建设，是实现基层党建工作的规范化、程序化和制度化的基础，有利于提高基层党组织的领导能力，有利于进一步转变党员干部作风，有利于更好地服务群众。各级“访惠聚”驻村工作队认真落实自治区推进村级组织规范化建设的要求，帮助南疆村党支部建章立制，规范村党支部行为，用制度管人管事，使村党支部工作有序运行，公开公正，进一步增强了村党支部的凝聚力、向心力和战斗力。

1. 在南疆推行驻村工作队队长兼任第一书记机制

由“第一书记”统筹协调村党支部、驻村工作队、村警务室三方力量，围绕党支部议事决策制度、“三会一课”制度、党务公开制度、支部民主生活会制度等，探索创新南疆农村基层党组织建设机制。与所驻村层层开展

"一帮一、一帮多、多帮一"活动，帮助基层理清思路、健全制度，从程序上保障好人让基层干部当、好事让基层组织办。

2. 不断创新完善南疆农村基层党组织和党员干部服务群众机制

"访惠聚"工作队在南疆农村积极推进"村务公开"，落实村规民约、居民公约、"一事一议"、"四议两审两公开"等制度，健全完善服务群众机制。对工程项目建设、惠民补贴发放等，督促村党支部严格按照民主决策程序进行，做到决议公开、实施结果公开，以规范程序确保公平公正、以"阳光"村务推进干部改进作风。

3. 以"三位一体"工作机制为基础，不断提高维护稳定群防群治群控能力

按照"工作队 + 村委会 + 村警"的三位一体工作机制，工作队、村委会和村警围绕农村中心工作，各司其职，各展所长，工作队发挥出了自己的组织优势和政策优势，当好村党支部的参谋助手，为农村干部开展工作撑腰打气；村干部发挥出了乡土优势和管理优势，当好工作组的向导，有力地支持工作组开展宣传教育工作；村警发挥出了保障优势，确保农村社会环境安全稳定有序。

4. 健全完善南疆农村基层党风廉政建设机制

在农村探索"选、看、问、听、议、告"精准识贫"六步工作法"，确定村中贫困户，使"识贫辨贫"步步有监督，有效避免了某些村干部的优亲厚友行为，把各个阶段都放在阳光下运行，让群众来监督，得到了群众的信任和拥护。完善强化村民监督委员会的选任和履职。"访惠聚"工作队根据《中华人民共和国村民委员会组织法》的相关文件精神，在加强农村基层党风廉政建设中引入村民监督委员会的监督方法，有效防止了村级的腐败行为，促进了基层的党风廉政建设。坚决落实"四议两审两公开"机制，按照党支部提议、村两委商议、党员大会审议、村民大会或村民代表大会决议和决议公告、结果公示、乡镇党委审议程序对村级重大事项进行决策，打消了群众对于决策过程、决策结果的疑虑，保障了群众的知情权、参与权、表达权和监督权。

经过三年多的努力，"访惠聚"驻村工作队认真落实自治区党委关于加强南疆农村基层党组织建设的各项措施，使南疆农村基层党组织建设面貌得到较为明显的改善，村党支部班子的凝聚力进一步增强，党员队伍的先锋模

范作用进一步发挥，支部工作机制进一步完善，党群关系进一步改善，实现新疆工作总目标的组织基础进一步夯实。

二、"访惠聚"驻村工作加强南疆农村基层党组织建设存在不足

在自治区深入贯彻落实习近平总书记关于新疆工作总目标再动员会议上，陈全国同志指出，要"继续开展'访民情、惠民生、聚民心'活动。"为此，必须在分析和总结经验的基础上，结合中央和自治区党委关于南疆农村基层党组织建设的要求，对照查找当前各级"访惠聚"驻村工作队在加强南疆农村基层党组织建设中存在的薄弱环节和问题，才能确保不断巩固实现新疆工作总目标的组织基础。

（一）个别"访惠聚"驻村工作队不注重发挥南疆农村基层党组织主体作用

三年多来"访惠聚"驻村工作队对南疆农村基层党组织建设作出了很大的努力，极大的加强了南疆农村基层党组织建设，但在调研中我们发现，个别"访惠聚"驻村工作队在具体工作中不注重发挥南疆农村基层党组织主体作用，主要表现为：不能通过学习教育，引导、帮助、指导去提高基层党组织的责任意识，而是代为履行责任；不能帮助村党支部紧贴南疆农村实际，在落实好"三会一课"、民主评议党员等常规动作基础上，创新党员的教育管理，激发组织活力，而是机械照搬别人的模式和办法；不能帮助南疆农村基层党组织制定完善的管理制度，推进其工作的规范化、制度化，而是忙于搞各种文字材料和游戏，应付检查等，不能增强基层党组织的主体功能，发挥其服务群众、凝聚人心、从严治党的主体作用。

（二）个别"访惠聚"驻村工作队存在以物质帮扶代替提升南疆农村基层党组织领导能力的倾向

南疆农村基层党组织领导能力主要表现为政治立场坚定，敢于亮剑，引

领各族群众坚定不移跟党走；作风优良，服务群众，为群众办好事、做实事、解难事，增强凝聚力和向心力；思想工作细致，坚持农村改革发展推进到哪一步，思想政治工作就跟进到哪一步，切实解决非法宗教和宗教极端思想对基层群众的影响；领导核心作用明显，引导村级其他组织自觉服从党的领导，支持、督促他们依法依规行使职权，沿着正确方向健康发展。“访惠聚”驻村工作队应全方位帮助和支持南疆农村基层党组织提升领导能力，使其成为服务群众、维护稳定、反对分裂的坚强战斗堡垒。但在实践中，个别“访惠聚”驻村工作队注重单纯的物质帮扶、项目建设，认为只要把经济发展搞上去了，南疆农村基层党组织的领导能力自然就提升了，忽视从政治、思想、作风等方面去帮扶指导，建章立制，不能真正将南疆农村基层党组织建设成为坚强的领导核心。

（三）个别村党支部工作存在“等靠要”思想，落实“三位一体”工作机制不到位

“三位一体”工作机制的作用是将村党支部、“访惠聚”驻村工作队、村警务室三方力量有机整合，形成工作合力，使“访惠聚”工作各项决策部署得到坚决的贯彻落实，更好地推动南疆农村的建设和发展，维护南疆农村的社会稳定。在实践中，明确三者的职责和关系是极为重要的环节，从三年多的实践效果来看，应由村党支部领导并负责本村的全面工作，充分发挥村党支部的战斗堡垒作用；驻村工作队充分发挥自身优势，为本村工作提出合理建议，协助村党支部做好工作；村警务室在派出所的业务指导下，由村党支部领导，重点负责维稳工作。“访惠聚”驻村工作队的定位应该是“帮忙不添乱、到位不越位、参谋不代替”。但是，调研中发现，个别“访惠聚”驻村工作队对村党支部、工作队和警务室的角色定位认识不清，职责不明，在工作中对村级实务大包大揽，将村党支部置于执行决策和任务的位置，使之不能独立自主的解决村级事务中的问题，同时，在推行“访惠聚”驻村工作队长担任“第一书记”制度后，一些乡镇党委或村党支部将全部工作任务推给工作队，对村级事务当“甩手掌柜”，既增加了“访惠聚”驻村工作队的负担，不利于发挥其优势和长处，也不能充分调动

村党支部工作的积极性，使村党支部的依赖性更强了，不利于提高村党支部的工作能力和领导水平。

（四）南疆农村基层党组织党员队伍和后备干部队伍建设需要进一步加强

党员队伍和后备干部队伍是南疆农村基层党组织实现可持续发展，服务群众，维护稳定的基础力量，三年来，各级“访惠聚”驻村工作队高度重视党员队伍和后备干部队伍建设，取得了显著成效。但从实践来看，还存在一些问题需要改进。比如，由于将发展和培养党员情况纳入到“访惠聚”工作考核指标中去，用数量化的方式进行评价，导致在发展党员时一定程度上存在为完成考核任务，忽视党员发展质量的情况；个别“访惠聚”驻村工作队在基层党组织加强党员教育管理时，注重形式，喜欢搞大呼隆，缺乏滴灌式和经常性的教育；个别“访惠聚”驻村工作队在后备干部队伍培养上缺乏持续性，没有实行动态跟踪管理，不能及时根据情况变化调整培养方案和办法等。

综上所述，在“访惠聚”驻村工作加强南疆农村基层党组织建设中存在的不足，主要是因为在实践中，个别“访惠聚”驻村工作队对加强南疆农村基层党组织建设在实现新疆工作总目标进程中的重要性认识不足，工作缺乏主动性和创造性；一些“访惠聚”驻村工作队员长期在机关工作，对基层情况不熟悉，对南疆农村政策不掌握，做基层群众工作能力不强，对解决南疆农村基层党组织建设存在的问题办法不多；对“访惠聚”驻村工作考核指标存在重数量、轻质量，重材料、轻实效，重结果、轻过程，重汇报、轻走访等问题，使一些工作落实不到位，成效不明显等原因造成的。

三、“访惠聚”驻村工作进一步加强南疆农村基层党组织建设的对策建议

自治区党委要求，在“访惠聚”驻村工作中，要坚强基层组织，着力整顿软弱涣散基层党组织，推动基层党组织“星级化”创建，选优配强村（社

区）第一书记和村“两委”班子，对待村级组织规范化建设，加强基层党员干部培训力度，切实把村级党组织建设成为服务群众、维护稳定、反对分裂的坚强战斗堡垒。[①]因此，“访惠聚”驻村工作队必须将进一步加强南疆农村基层党组织建设作为一项重要任务抓好抓实。根据自治区党委的要求和南疆农村基层党组织建设实际，我们对“访惠聚”驻村工作加强南疆农村基层党组织建设提出如下建议。

（一）完善加强南疆农村基层党组织班子建设长效机制

1. 完善南疆农村基层党组织班子选任机制

明确南疆农村基层党组织班子选聘的政治立场坚定、工作能力突出、作风公道正派、知识水平较高的要求，坚持公开、平等、竞争、择优的选任原则，努力拓宽选人渠道，注重从大中专毕业生、复退军人、回乡创业青年、农村致富能手中发现和培养干部。完善落实“两推一选”工作制度的具体办法，注重民意测验，夯实基层党组织班子群众基础。建立南疆农村基层党组织干部工作成效群众民主测评机制，定期组织对班子成员进行科学的评价，对群众满意度低的班子成员进行教育、谈话直至免职淘汰，激发基层党组织班子成员干事创业的主动性和积极性。

2. 完善南疆农村基层党组织“第一书记”工作管理监督机制

完善“第一书记”下派制度。建议南疆农村党支部“第一书记”除特殊情况外，应主要由县乡两级下派，这样既能发挥当地干部熟悉情况、基层工作经验丰富、便于协调统筹的优势，也有利于“访惠聚”驻村工作队将工作重心放在完成自治区党委部署的“1+2+5”[②]的工作任务上，从而更好地形成工作合力。建立“第一书记”的定期培训交流制度。要对“第一书记”定期组织培训，在工作中充分发挥“指导、把关、督促、协调、服务”的作用；定期组织召开工作交流会，通过集中座谈、实地观摩、经验交流等方

① 杨丽，王辰羽．自治区举行“访惠聚”驻村工作总结表彰暨动员送行会议［EB/OL］.http://news.ts.cn/content/2017-02/25/content_12531038.htm.

② “1+2+5”是指“一个目标”维护社会稳定，“两项任务”建强基层组织、做好群众工作，“五件好事”落实惠民政策、拓宽致富门路、推进脱贫攻坚、办好实事好事、壮大党员队伍。

式，探讨解决工作中的问题，推动“第一书记”互学互通，切实提高农村工作能力。完善“第一书记”管理制度。乡镇党委要强化责任意识，结合实际情况，明确“第一书记”的工作职责、任务目标，防止出现眉毛胡子一把抓的现象，确保突出重点，切实解决问题；要切实抓好“第一书记”日常管理，严格各项管理制度，加强监督检查，使其能够真正尽职履责，充分发挥作用。完善“第一书记”考核奖惩制度。要定期组织相关部门通过听取汇报、个别谈话、群众测评等方式，对其工作开展情况进行考核，推动监督考核日常化；针对重点工作开展专项考核，督促其抓好工作落实，创造性地开展工作；强化任期考核，“第一书记”任职期满时，以组织部门为主导，由村“两委”班子成员、全体党员和村民代表对其工作表现进行民主测评，并将考核结果同“第一书记”的提拔任用、评优评奖结合，由“访惠聚”驻村工作队长兼任第一书记的，则将其考核结果与派出单位绩效考核紧密结合。

3. 完善南疆农村基层党组织干部队伍长效培训制度

在现有培训基础上，要完善对南疆农村基层党组织干部的定期轮训制度，以县级党校为主体，对南疆基层党组织干部特别是村支部书记进行轮训培训，围绕党性教育、基层党建、惠民政策、农村法律、精准扶贫、宗教管理、依法维稳等南疆农村重点工作，进行有针对性的专题培训。要以“访惠聚”驻村工作队、对口援疆和精准扶贫单位的资源为补充，注重日常的教育培训，切实解决在具体工作中存在的问题，实现对南疆农村基层党组织干部队伍培训的常态化。要充分利用党员远程教育系统，每周定期组织开展远程视频教育培训。完善培训考核奖惩机制，南疆农村基层党组织干部学习培训情况纳入乡镇党委和“访惠聚”工作队考核指标，实行责任倒逼，抓好学习培训。

4. 完善南疆农村基层党组织后备干部培养机制

要着力解决南疆农村基层党组织后备干部培训的持续性问题。要着力防止和解决只培训，不管理的问题，持续跟踪培训，帮助后备干部在成长过程中不断提高能力素养，确保真正能够培养出合格的基层党组织后备干部。要完善落实基层党组织后备干部带薪待岗培养制度，按照支部书记 1∶2，班子成员 1∶1 的比例配备后备干部，引导后备干部积极发挥作用，参与村集体事务，提高其工作能力和水平。要完善动态管理，实行后备干部考核淘汰机制。按照政治素质硬、学习能力强、观念更新快、群众满意度高的标准，对后备干部进行科学的跟踪考核，严格落实末位淘汰机制，强化对后备干部的动态管理，激发他们的潜力，努力发挥自身的才能，在实践中不断成长。

（二）完善南疆农村基层党组织党员队伍建设长效机制

1. 完善南疆农村基层党员教育制度

要以“访民情、惠民生、聚民心”驻村工作队为依靠，充分发挥他们的政策理论水平较高的优势，建立南疆农村基层党员定期培训制度，实现南疆农村党员教育经常化，提高基层党员的基本理论水平，夯实思想基础。要高度重视南疆农村基层老党员在群众的威信，“访惠聚”驻村工作队要协助乡镇党委和村党支部组织老党员宣讲队，开展大规模的宣讲，用身边人讲身边事，通过他们的言传身教，带动其他党员认真履行义务，发挥先锋模范作用。要进一步做好“两学一做”学习教育，认真开展“学讲话、转作风、促落实”专项活动，结合南疆农村党员队伍建设实际，探索符合其特点的党员学习教育制度，推动教育培训常态化。要加强对信仰宗教的党员教育管理，屡教不改者，严格按照党的纪律予以处置，确保党员队伍的纯洁性，增强党员队伍的凝聚力。

2. 建立南疆农村基层党员思想活动汇报制度

要健全完善村党员档案，全面了解掌握党员基本情况。以党小组或党支部为单位，每位党员和党支部班子成员每月汇报一次，汇报内容包括对党的理论、维护稳定、民族团结、宗教管理、服务群众等方面的知识的学习情况，对重大问题的认识情况，对推进村“两委”班子工作和“访惠聚”驻村工作的合理化建议等。对外出或因病不能汇报思想的党员，责成党支部班子成员派专人联系，写出书面汇报材料或上门进行探视谈话。建立完善的党员思想汇报档案管理，并以此作为党员年终民主评议的重要材料依据。

3. 完善南疆农村基层党员队伍培养发展机制

要严格党员发展程序和标准，针对南疆基层党组织和党员在反恐维稳、促进民族团结等方面的重要作用，按照控制总量、优化结构、提高质量、发挥作用的要求，坚持“成熟一个、发展一个”的原则，坚决纠正为了发展党员而发展的错误做法，确保能将思想政治过硬、群众基础较好、热心村集体事务的先进分子发展成为党员。要充分发挥团组织在培养发展党员工作中的积极作用，“访惠聚”驻村工作队要加强对村级团组织的指导，帮助村级团组织从返乡大学生、青年致富能手、青年民兵、青年乡土能人等群体中选拔培养一批政治立场坚定、想干事敢干事能干事的青年作为村级团组织成员，夯实党员发展的组织基础。要对南疆农村“80、90”后群体进行全面摸底建档，对在大是大非问题上态度明确，热心村集体事务的青年，进行正面教育引导，引导他们向党组织靠拢。要注重在南疆农村少数民族妇女中发展党员，帮助南疆农村少数民族妇女摆脱落后文化的束缚，树立现代生活理念和价值观念，鼓励她们积极参与村集体事务，激发她们的积极性和主动性，在这个过程中注重引导，将其中能力水平较高的培养发展成党员，增加少数民族妇女党员的比例。同时，将党员发展情况纳入“访惠聚”驻村工作队年度考核标准，严格考核。

4. 建立健全南疆农村基层党组织不合格党员处理机制

严肃处置不合格党员对增强党员队伍的活力，保持党的先进性和纯洁性具有重要意义。各级“访惠聚”驻村工作队要协助和指导村党支部，以严格党员教育管理为基础，按照“坚持标准、立足教育、区别对待、综合治理”的要求，明确“政治立场是否坚定、党性原则是否坚强、维护稳定是否有力、履行义务是否积极、完成任务是否认真、服务群众是否到位”等主要标准，以严明党的政治纪律和政治规矩为首要任务，以处置反恐维稳斗争中的“两面人”现象为重点，按照民主测评、组织鉴定、个人申诉、组织处理等程序，建立健全处置不合格党员机制。

（三）构建党员干部服务群众、转变作风长效机制

1. 加强对“访惠聚”驻村工作队员的常态化培训

各级“访惠聚”工作队要以自治区要求组织的双语培训、业务培训和区情培训为基础，制定定期学习培训制度，实现学习培训常态化，并将学习情况纳入工作队年终考核范围。主要围绕增强群众观念、提高双语能力、熟悉基层情况、掌握民族宗教政策、推动科学发展等内容，定期开展学习培训，

提高"访惠聚"驻村工作队员的群众工作能力，更好的落实"访惠聚"驻村工作要求和任务。

2. 建立"访惠聚"驻村工作联动合作机制

"访惠聚"工作队的优势和长处各不相同，建议可以以地区（市）为单位，通过定期组织现场会、观摩学习、交流座谈等方式，建立区域内的"访惠聚"工作队沟通联系机制，强化合作，实现资源和信息上的互补，形成工作合力，推动"访惠聚"驻村工作均衡发展。

3. 完善基层群众参与村集体事务机制

定期召开村民大会和村民代表会议，围绕制定长远发展规划、实施"短平快"项目、确定精准扶贫对象、整顿软弱涣散基层党组织、年终考核评估等涉及到基层群众切身利益的问题，广泛征求群众意见。完善村务公开机制，对低保发放、惠民政策落实、贫困帮扶措施等群众关心的热点难点问题，做到及时公开，保障群众的知情权。

4. 完善精准扶贫机制

以"访惠聚"驻村工作为基础，认真落实自治区党委坚持精准扶贫，全面落实"六个精准""五个一批"，坚决打赢脱贫攻坚战，确保全区贫困人口如期稳定脱贫的工作要求。各级"访惠聚"工作组要协助推进建立精准扶贫导向机制，根据基层贫困群众的实际情况，采取"一户一方案"的办法，制定符合群众需求的扶贫方案，增强扶贫措施的针对性和有效性。要建立精准帮扶机制，将扶贫的责任、资金、任务落实到村和"访惠聚"驻村工作队，精准识别扶贫对象、落实建档立卡、实施动态管理，确保扶贫措施到位、资金使用精准、项目实施管理科学。要建立精准扶贫责任落实和考核机制，各级"访惠聚"工作队派出单位要将精准扶贫工作纳入到整体工作规划，由单位"一把手"负主要责任，并将扶贫成效纳入年终单位绩效考核。同时，按照"一事一主体、一主体一责任人"的要求，制定科学考核指标，注重实绩，坚决防止弄虚作假。

5. 完善党员干部联系服务群众机制

要以"三位一体"机制的落实为抓手，建立完善以村党支部为核心，"访惠聚"驻村工作队为指导，村警务室紧密配合的联系服务群众机制。完善联席会议制度、联合走访制度、联帮解困制度、联勤联防制度、错时值班、联合巡逻制度、精准扶贫脱贫帮扶制度等工作制度，有效整合资源，提高村党支部班子联系服务群众能力和水平。要严格落实“好人让基层干部当、好事让基层组织办”的工作机制，“访惠聚”驻村工作队争取到的项目和惠民政策，由村支部具体组织实施，工作组积极参与指导，大力发挥村党支部班子的领导作用，通过为民办好事、办实事、解难事，增强村党支部的凝聚力和向心力。完善党员干部密切联系群众的机制，每位村支部班子成员、“访惠聚”驻村工作队队员联系2—3户困难户，每位党员联系1—2名困难群众，帮助他们解决生产生活中遇到的问题和困难，提升自我发展能力，并将联系服务成效，纳入到工作考核，强化落实，防止“只联系不帮扶”，坚决克服形式主义。真正做到促进民族交流交融，增强各族群众感情，密切党群干群关系，使党员干部成为群众的贴心人。

（四）完善推动南疆农村基层党组织建设的具体工作机制

1. 完善南疆农村基层党组织经费保障机制

要建立完善基层党组织运转经费正常增长机制，对村级5+2阵地运行情况进行全面摸底，核定运行经费标准，对村集体经济发展薄弱的要进行财政拨款补贴，加大对基层党组织运转经费财政保障力度。要根据“一定三有”要求，保障人员经费落实，确保基层党组织领导干部待遇不打折扣。要针对基层维稳工作形势，形成经费投入动态调整机制，结合维稳工作的新特点、新变化，及时调整经费投入，确保好钢都能用到刀刃上，提高经费使用效率，使农村党支部班子工作有抓手，有力量。

2. 强化南疆农村基层党组织工作监督机制

要切实落实党务公开制度，确保群众的知情权。县乡党委要将村党务公开情况纳入基层党组织工作考核，实行定期检查、定期评定、定期考核，督促村党支部班子认真落实党务公开制度，强化群众监督。要强化专门监督检查，县乡党委会同“访惠聚”驻村工作队，定期对基层党组织在加强组织建设、遵守党的纪律、惠民政策落实等方面的工作进行专门的监督检查，确保基层党组织能将各项政策落实到位，使群众能得实惠。要完善村规民约，强化村务监督委员会的作用，拓宽群众参与村务的渠道，克服"四议两公开"等具体制度执行中的形式主义，真正保障群众的参与权、监督权有效实现，使基层党组织能够正确行使手中权力，全心全意为人民服务，夯实新疆发展与稳定的群众基础。

3. 完善整顿软弱涣散基层党组织长效机制

要采取"一村一方案"的方式，认真查找软弱涣散的根本原因，制定符合实际情况的整顿方案。要完善整顿软弱涣散基层党组织成效评价标准，既要注重考核群众关心的眼前问题的解决，更要注重考核打基础、管长远工作的落实情况；既要现场查看整顿情况，注重资料档案查阅，更要注重群众评价，加大民主测评力度。要建立动态跟踪机制，对软弱涣散基层党组织脱帽后的建设情况，进行跟踪管理，关注后续措施跟进状态，防止出现反复整顿的现象。要强化问责，对整顿软弱涣散基层党组织不力的地县党委书记、组织部长、"访惠聚"驻村工作队派出单位主要领导和工作组组长进行问责，层层传导压力。

4. 构建科学的考核机制

要建立和完善权责对等的基层党组织和干部考核机制。对南疆农村基层党组织工作考核按照固定工作 + 重点工作 + 临时工作进行分类考核，固定工作是基础性常规性考核指标，重点工作和临时工作属于临时性新增考核指标，形成常规 + 临时的考核指标体系，既相对稳定，又有一定的灵活性。要明确考核的责任主体。明确村支部书记、村委会主任由乡镇党委、乡政府负责考核，村其他干部由村"两委"按照考核要求自行考核，并将考核意见提交村民代表大会审议通过，上报批准，并进行相应的奖惩。要完善"访惠聚"驻村工作考核机制。要按照宜粗不宜细、宜简不宜繁、注重实际实效的原则，围绕"访惠聚"驻村工作的主要任务，制定相应的科学考核体系，注重群众评价和实地考察，将日常监督考核和年度考核结合，按相应比例进行评价。同时，对"访惠聚"驻村工作队员要按照"一人一档"的思路，建立相应的评价档案和材料，作为其工作考核的重要依据。

（本文系 2016 年全国党校系统重点调研课题成果）

提高南疆农村基层党组织建设质量研究

［注：根据《中国共产党农村基层组织工作条例》的规定：乡镇党的委员会（以下简称乡镇党委）和村党组织（村指行政村）是党在农村的基层组织。课题根据南疆农村基层党组织建设的实际，主要是聚焦南疆村级党组织建设质量的调研分析，由于目前南疆一些农村设立了党总支，因此题目也不能简单地表述为“提高南疆农村党支部建设质量。”特此说明。］

【摘要】提高党的建设质量是党的十九大提出的重大课题，为新时代党的建设指明了前进方向，是新时代加强党的建设的根本要求。本课题以对提高党的建设质量基本理论的简要分析为依据，指出提高南疆农村基层党组织建设质量是贯彻新时代党的建设总要求的具体体现，是实现新疆工作总目标的必然要求，是解决南疆农村基层党组织建设存在的突出问题的迫切需要。在深入调查研究的基础上，对近年来提高南疆农村基层党组织建设质量的主要做法与成效进行了总结。并结合理论和实践的要求，梳理了提高南疆农村基层党组织建设质量存在的问题，对进一步提高南疆农村基层党组织建设质量提出了基本思路。

我们党历来重视加强自身建设，并不断根据时代和使命的变化，及时调整党的建设要求。党的十九大明确了新时代党的建设总要求，强调提高党的建设质量，这为新时代党的建设指明了前进方向。在2018年全国组织工作会议上，习近平总书记进一步指出："提高党的建设质量，是党的十九大总结实践经验、顺应新时代党的建设总要求提出的重大课题。""提高党的建设质量，既要坚持和发扬我们党加强自身建设形成的优良传统和成功经验，又要根据党的建设面临的新情况新问题大力推进改革创新，用新的思路、举措、办法解决新的矛盾和问题。"从而明确了提高党的建设质量的重要意义，提出了提高党的建设质量的根本要求。因此，课题期望以提高党的建设质量的基本理论为支撑，立足于新疆南疆农村基层党组织建设实际，着力分析和研究在边疆民族地区的反恐维稳、民族团结、经济发展等重点工作中，提高基层党组织建设质量的有效做法和成效，并对进一步提高南疆农村基层党组织建设质量提出思路建议。

一、提高党的建设质量的基本内涵

提高党的建设质量，是对党的建设历史经验的深刻总结，是对执政党建设规律的科学把握，是新时代加强党的建设的重大课题。对提高党的建设质量的基本理论进行分析，准确理解提高党的建设质量的基本内涵、主要任务和重要意义，有助于夯实理论基础，提高思想认识，把握科学规律，增强行动自觉，着力解决党的建设存在的突出问题，进一步提高党的建设质量。

“质量”一词的含义在《辞海》中解释为事物、产品或工作的优劣程度；量度物体所含物质多少的物理量。党的十九大把“质量”引入党的建设战略部署中，创造性地提出“提高党的建设质量”，对党的建设理念思路、实践模式等提出了新的更高的要求。

党的建设质量，是指反映党的建设各项工作优劣程度、衡量党的建设成效好坏的评价与判断体系。提高党的建设质量，就是要以正确的目标为引领，以科学的评价与判断体系为依据，坚持质量优先、系统谋划、整体推进的原则，遵循党的建设规律，优化党的建设思路，改革党的建设机制，创新党的建设方式，推动党的建设工作做的更深、更细、更扎实。因此，提高党的建设质量，要遵循以下基本要求：一是明确目标要求。目标是引领，是提高党的建设质量的根本所在。要以“把党建设成为始终走在时代前列、人民衷心拥护、勇于自我革命、经得起各种风浪考验、朝气蓬勃的马克思主义执政党”为根本目标，明确党的建设各个方面各级层次各项工作的具体目标。二是制定规范要求。要依据提高党的建设质量的目标，制定完善相应的原则、制度和机制，强化党的建设的规范性和标准性。三是把握规律要求。要注重总结党的建设历史经验，深化对党的建设规律研究，推动党的建设制度、方法与实际紧密结合，提高党的建设质量。四是体现系统要求。要坚持系统思维，注重顶层设计，把长远战略与具体实际、全局部署与重点任务等紧密结合，全方位提升党的建设质量。五是落实创新要求。要坚持继承与创新相结合，立足新时代，研究新变化，解决新问题，以改革创新为动力，推动党的建设质量持续改善提高。

因此，提高党的建设质量，要把这些基本要求体现到推进党的政治建设、思想建设、组织建设、作风建设、纪律建设、制度建设和反腐败斗争的方方面面。要以做到“两个维护”为目标，加强党的政治领导，提高党的政治建设质量。要以坚定理想信念为目标，强化理论武装，提高党的思想建设质量。要以建设坚强战斗堡垒和执政骨干队伍为目标，贯彻落实新时代党的组织路线，提高党的组织建设质量。要以保持党同人民群众血肉联系为目标，久久为功，提高党的作风建设质量。要以知敬畏、存戒惧、守底线为目标，严明纪律规矩，提高党的纪律建设质量。要以建立一体推进不敢腐、不能腐、不想腐体制机制为目标，惩防并举、标本兼职，提高党的反腐败斗争质量。要以党章为根本遵循，以坚持和完善民主集中制为核心，注重顶层设计，提高党的制度建设质量。

二、提高南疆农村基层党组织建设质量的重要意义

从宏观上看，提高党的建设质量是一个宏大而系统的工程，需要全面发力，整体推进，但从基层党组织的地位作用来看，基层党组织建设质量是事关党的建设整体质量的基础性工程，是贯彻落实提高党的建设质量要求的关键所在。为此，习近平总书记指出，要坚持强基固本。我们要“树立大抓基层鲜明导向，持续整顿软弱涣散基层党组织，推动基层党组织全面进步、全面过硬”，为提高基层党组织建设质量提出了明确的要求。新疆工作的特殊性，决定了基层党组织建设质量事关全区各级党组织和全体党员干部能否牢固树立“四个意识”、坚定“四个自信”、坚决做到“两个维护”，自觉贯彻落实新时代党的治疆方略，推动新疆工作总目标的实现。因此。提高南疆农村基层党组织建设质量是贯彻新时代党的建设总要求的具体体现，是实现新

疆工作总目标的必然要求，是解决南疆农村基层党组织建设存在的突出问题的迫切需要。

（一）提高南疆农村基层党组织建设质量是贯彻新时代党的建设总要求的具体体现

党的十九大报告提出了新时代党的建设总要求，强调要“不断提高党的建设质量”。这是对马克思主义党建学说的坚持和发展，是对党的建设历史经验的深刻总结。中国特色社会主义进入新时代，我们党要带领人民实现“两个一百年”奋斗目标绝，必将面临新的机遇与挑战，必须付出更加艰苦的努力，需要不断提高党的建设质量，坚持和加强党的全面领导，确保党始终是中国特色社会主义事业的领导核心。党的十八大以来，新疆各级党组织通过持续推进全面从严治党，党的建设成效显著，质量得到了极大的改善。但对照不断提高党的建设质量的要求，党的建设仍然存在很多问题和不足。从南疆农村基层党组织建设方面来看，基层党建的形式主义问题尚未得到根本解决；软弱涣散基层党组织的整顿长效机制不健全；基层党组织战斗堡垒作用发挥不明显等问题需要进一步着力解决。习近平总书记指出，新疆工作一盘棋，南疆是“棋眼”。南疆作为反恐维稳、脱贫攻坚的主战场、主阵地，南疆农村基层党组织是维护社会稳定，实现长治久安最基础的领导力量，其重要作用不言而喻。因此，新疆贯彻落实新时代党的建设总要求，一个重要的具体的体现就是必须牢牢抓住南疆农村基层党组织建设这个重点，全面提高南疆农村基层党组织建设质量，增强其维护社会稳定、促进民族团结、推动科学发展的能力，为坚持和加强党对新疆工作的领导，贯彻落实新时代党的建设总要求提供坚实的组织基础。

（二）提高南疆农村基层党组织建设质量是实现新疆工作总目标的必然要求

党的十八大以来，以习近平同志为核心的党中央对新疆工作高度重视，作出新疆处于“三期叠加”的特殊时期的重大判断，明确新疆工作总目标是社会稳定和长治久安。实现新疆工作总目标任务艰巨，需要多措并举，同向发力，形成推动新疆工作总目标实现的强大力量。基层党组织作为党的组织基础，在实现新疆工作总目标的历史进程中，发挥基础性、根本性的作用。习近平总书记在第二次中央新疆工作座谈会上就明确指出："要把抓基层、打基础作为稳疆安疆的长远之计和固本之举，努力把基层党组织建设成为服务群众、维护稳定、反对分裂的坚强战斗堡垒，让党的旗帜在每一个基层阵地上都高高飘扬起来。"南疆农村经济社会发展相对落后，影响社会稳定的因素较多，基层党组织建设比较薄弱。贯彻落实新疆工作总目标，必然要求改善和提高南疆农村基层党组织建设的质量，切实强化南疆农村基层党组织的政治功能，不断提升组织力，增强维护社会稳定和推动发展的能力，充分发挥战斗堡垒作用，从而把南疆农村各族群众紧密团结在党的周围，形成实现新疆工作总目标的坚实群众基础和社会基础。

（三）提高南疆农村基层党组织建设质量是解决南疆农村基层党组织建设存在的问题的迫切需要

第二次中央新疆工作座谈会以来，自治区党委高度重视南疆农村基层党组织建设，通过政策、资金和人才的支持，极大地改善了南疆农村基层党组织建设质量。南疆农村乡镇党委班子建设结构持续改善、能力持续提高；农村党支部班子得到优化，干部素质明显提高；软弱涣散党组织整顿成效显著，战斗堡垒地位得到巩固；党员队伍质量明显改善，先锋作用发挥明显，为实现南疆社会稳定和长治久安提供了坚强的组织保证。同时，我们也必须清醒地看到，南疆农村基层党组织建设质量同党的十九大关于基层党组织建设的要求和新疆工作的形势任务还存在较大的差距。主要表现为南疆一些农村基层党组织抓党建的责任意识不强、能力不足、质量意识不够；部分基层党组织在提升组织力、强化政治功能方面采取的办法不多、落实上还有差距；衡量考核南疆农村基层党组织建设质量的标准体系不科学、导向不明显等问题。因此，迫切需要提高南疆农村基层党组织建设质量，切实解决存在的问题与不足，确保新时代党的治疆方略在南疆真正落地生根。

三、提高南疆农村基层党组织建设质量的主要做法与成效

近年来，南疆地区以新疆工作总目标为引领，以建设服务群众、维护稳定、反对分裂的坚强战斗堡垒为根本标准，以“访惠聚”驻村工作为重要抓手，坚持高位推动、系统谋划，坚持重心下移、力量下沉，坚持结合实际、改革创新，着力提高南疆农村基层党组织建设质量，形成了比较系统的做法，取得了较为显著的成效。

（一）深刻理解，准确把握南疆农村基层党组织建设质量标准

习近平总书记指出，新疆工作最坚实的力量支撑在基层，最突出的矛盾和问题也在基层，必须把抓基层、打基础作为稳疆安疆的长远之计和固本之举，努力把基层党组织建设成为服务群众、维护稳定、反对分裂的坚强战斗堡垒。这为新时代加强新疆基层党组织建设提供了根本标准。因此，必须结合实际，准确把握这一根本标准的深刻内涵，为提高南疆农村基层党组织建设质量提供科学指导。

服务群众，要求南疆农村基层党组织要牢固树立以人民为中心的发展思想，坚决贯彻新发展理念，紧密结合南疆农村经济社会发展实际，着力探索符合南疆农村的经济社会发展方式，扎实推进脱贫攻坚，提高南疆农村经济社会发展水平，切实改善人民群众生活质量。要健全完善南疆农村基层党组织联系服务群众机制，创新联系服务群众方法，找准联系服务群众抓手，丰富联系服务群众内容，拓展联系服务群众领域，提高联系服务群众水平，夯实社会稳定群众基础。要坚决落实“四议两公开”等民主管理监督机制，实现与群众利益关系密切的重要事项决策群众参与度高、程序规范、过程公开、结果科学、执行准确、监督到位，充分反映基层群众的意愿诉求，激发群众推动发展、维护稳定的内生动力。要强化对联系服务群众成效考核评估，结合南疆农村基层群众工作的现实，按照严格要求、组织把关、群众评价、科学运用的思路，围绕维护稳定、宗教管理、民族团结、经济发展、民生改善、脱贫攻坚等重点任务，制定具有较强针对性和可操作性的考核评价标准，坚决纠正当前南疆农村基层党组织服务群众中存在的形式主义和官僚

主义问题，扎实做好群众工作。

维护稳定，要求南疆农村基层党组织把维护稳定作为压倒一切的政治任务，强化社会稳定和长治久安总目标意识，紧密结合南疆反恐维稳实际，扎实推进各项反恐维稳举措落到实处，着力解决影响南疆农村社会稳定的各种因素，坚持久久为功，保持南疆农村社会大局长期稳定。要完善落实维稳工作责任制，有机整合基层党组织、“访惠聚”驻村工作队、驻村管寺、警务站等各方力量，明确责任分工，科学规划安排，确保维稳各项举措落实到位。要建立健全常态化宣传教育机制，以去极端化宣传教育为重点，法律政策宣传教育为基础，创新宣传教育方式、丰富宣传教育内容、提高宣传教育质量，夯实南疆农村社会稳定的思想基础。要完善落实维稳风险点管控机制，坚持精准查找、定期研判、动态跟踪、科学管控的要求，对影响社会稳定的重点人员、重点因素、重点领域进行有效管控，采取有针对性的举措，及时消除稳定隐患。要坚决落实维稳常态化工作机制，围绕有效落实反恐维稳“组合拳”各项工作要求，坚持入户走访、值班备勤、应急演练等常态化，有效维护社会稳定。

反对分裂，要求南疆农村基层党组织坚持新疆的问题最长远的还是民族团结问题的根本要求，结合南疆农村实际，深入开展反分裂斗争，着力解决意识形态、宗教和谐、社会治理等方面存在的影响团结的各种因素，筑牢各族人民共同维护祖国统一、维护民族团结、维护社会稳定的钢铁长城。要深入开展意识形态领域反分裂斗争，加强对南疆农村群众的新疆“四史”教育宣传，形成常态化与关键点、理论化与通俗化相结合的意识形态领域宣传教育机制，夯实意识形态领域反分裂斗争的思想基础。要开展形式多样的民族团结创建活动，以加强交流、增强认同、促进融合、维护团结为目标，以民族团结一家亲为抓手，着力开展各类民族团结创建活动，营造各民族团结友爱的良好社会氛围，夯实反分裂斗争的群众基础。要深入开展与“三股势力”的斗争，坚持主动出击，注重发动群众，深入分析研究新动向，及时化解矛盾问题，着力解决苗头性、倾向性问题，大力挤压“三股势力”生存空间，夯实反分裂斗争的社会基础。

（二）改善结构，提高南疆农村基层党组织班子建设质量

从南疆农村的发展历程来看，在一个时期内，南疆农村极端宗教思想蔓延，非法宗教活动猖獗，泛清真化现象严重，暴力恐怖活动频发多发，极大地影响了社会稳定和经济发展，严重危害南疆农村群众的生命财产安全。出现这些问题的一个重要原因就是南疆农村很多基层党组织班子领导不力、威信不高、能力不足，不能把南疆农村群众紧密团结起来，坚决抵制分裂、科学管理宗教、有效推动发展，给了“三股势力”以可乘之机。因此，提高南疆农村基层党组织建设质量，首要任务是提高南疆农村基层党组织班子建设质量。近年来，自治区党委深入贯彻落实新时代党的治疆方略，多措并举，着力改善和提高南疆农村基层党组织班子建设质量，为实现南疆农村的社会稳定和长治久安提供了坚强的领导。

南疆四地州高度重视农村基层党组织班子建设，坚持提高政治站位，科学规划安排，充实基层领导力量，对农村基层党组织班子进行充实提高，调整改革，极大地提高了南疆农村基层党组织班子建设质量，成效显著。一是加大从机关、站所中选派党员干部到村担任村党组织书记的力度，极大地提高了村党组织书记队伍的素质和能力。2018 年以来，克州从乡镇机关、站所中选派 161 名党员干部到村担任村党组织书记。阿克苏地区选派 540 余名国家公职人员到村任村党支部书记。二是拓宽农村基层党组织班子成员选用渠道和途径。2018 年，克州先后回引 49 名致富能手、退伍军人返乡担任村党组织书记，选拔 217 名返乡未就业大学毕业生充实到村“两委”班子。2019 年，喀什地区选任 1008 名返乡大学生进入村两委班子，2918 名内招生、留疆战士到村工作。三是加强农村基层党组织后备干部队伍建设。近年来，克州完成 700 名村级储备年轻干部的培训任务，目前已使用 88 名储备年轻干部。喀什地区储备村级骨干人才 1.31 万人。四是着力整顿农村基层党组织班子，对政治不坚定、能力不过硬、工作不胜任的农村基层党组织班子成员进行坚决调整。和田在 2017 年撤换 17 名不胜任的存党组织书记。克州在 2018 年撤换 92 名村党组织书记，其中：不称职 3 人、不胜任 76 人、身体健康原因他调整 7 人、因工作岗位调整 6 人；2019 年上半年，调整不胜任、不合

格、不称职的村党组织书记 31 人。喀什在 2019 年严格落实村干部调整县级联审制度，清理不合格村干部 1478 人。这些举措使得南疆村党组织书记队伍的结构得到优化，能力得到提升。五是注重激励关怀，改善待遇，激发干事创业的积极性和主动性。克州将村“两委”班子成员平均报酬由每月 1600 元提高至每月 2700 元。喀什地区村“两委”正职月均报酬达 4121 元、副职达 3165 元。阿克苏地区妥善安置 2015 年第一批“天池计划”人员 167 人，择优推荐 127 名优秀村党支部书记、39 名社区优秀工作人员参加考录公务员和招聘事业编制。

经过努力，南疆农村基层党组织班子建设基本实现了选齐配强、结构合理、能力过硬、作风优良的目标要求，整体质量得到有效改善和提高，赢得了南疆农村群众的认可，推动了新疆工作总目标在南疆农村落地生根。

（三）严格管理，提高南疆农村党员队伍建设质量

长期以来，南疆农村基层党组织党员队伍建设比较薄弱，先锋模范作用发挥不明显，群众认可度不高。造成这种状态的主要原因在于：一个时期内，南疆农村党员队伍人数较少、规模较小，年龄偏大、文化水平不高；党员意识不强、党性修养不到位；部分党员信仰宗教、甚至参与非法宗教活动和暴恐活动等，致使南疆农村党员队伍质量不过硬，严重削弱了党员队伍的先进性和纯洁性，破坏了党员队伍的形象，党员队伍的影响力和带动作用不够。因此，提高南疆农村基层党组织建设质量，基础任务是要提高南疆农村党员队伍建设质量。近年来，自治区党委高度重视南疆农村党员队伍建设，强调要完善发展农村党员机制，加强在南疆、在农牧民和少数民族中发展党员的力度，不断壮大党员队伍，提高党员队伍质量。

南疆四地州按照中央和自治区党委的要求，着力扩大党员队伍规模，持续改善党员队伍结构，不断提高党员队伍素质，极大地改善了南疆农村党员队伍的质量，为发挥南疆农村基层党组织的领导核心作用提供了坚实的基础。一是加强党员教育，提升队伍基本素质。南疆四地州结合现有党员队伍实际情况，整合各类资源，创新党员教育管理方式，不断提高党员教育管理质量。克州仅 2018 年就对村级党组织组织学习基层党员培训教材、党员教

育情况进行督导11次，确保培训时间、内容、人员、效果四落实。阿克苏地区创新融合党员教育资源，把“互联网+培训”作为基层党员教育培训的重要载体，发挥广播电视党员教育频道覆盖面广的优势，紧紧围绕习近平新时代中国特色社会主义思想、党性教育、宪法法律教育、爱国主义教育、惠民政策教育等11项内容，扎实开展“冬季党员大培训”，有效改善了农村党员培训的质量。同时，各地还有机整合“访惠聚”工作队、乡镇等力量，实现对南疆农村党员教育的常态化。二是加强党员队伍管理，强化党员意识。各地根据一个时期内南疆农村基层党组织组织生活不正常，党员教育管理“宽、松、软”等一系列的问题，从强化党员日常管理入手，通过恢复和规范组织生活，抓好党员学习纪律、会议纪律等，严格党员管理，对党员队伍中存在的问题严肃处理，坚决清除党员队伍中的“两面人”，持续强化党员身份意识和责任意识。比如，克州仅在2019年上半年，就清理村党组织违规发展党员91人。三是严肃党员发展工作，确保质量过关。各地坚持政治标准，严把程序关、政审关、质量关，扎实落实发展农牧民党员“25154”[①]机制，制定发展农牧民党员工作规范，农村党员断档难题逐步缓解，党员队伍结构得到持续改善，质量明显提高。2017年，阿克苏地区4.1万余名农牧民递交入党申请书，培养积极分子2.7万余名，发展党员5353名。2018年，和田地区发展农村党员2878人，确定入党积极分子11961人。2019年，喀什地区发展农牧民党员4403人。

经过努力，南疆农村基层党组织党员队伍建设基本实现了总量增加、结构改善、管理有序、作用明显的目标要求，党员的先锋模范作用得到了比较充分的发挥，为发挥南疆农村基层党组织的领导核心作用提供了坚实的基础。

（四）规范运行，提高南疆农村基层党组织组织体系建设质量

组织体系是党组织的力量载体，组织体系完善，运行规范，则党组织的

① 在发展农牧民党员工作中，每个基层组织每年至少累计储备25名左右优秀中青年作为入党积极分子后备人选，从中至少培养15名左右入党积极分子，再从中至少平均发展4名新党员。

力量坚强，作用明显，反之亦然。一个时期以来，南疆农村基层党组织的组织体系建设存在空白，组织体系设置不科学，运行不规范，软弱涣散基层党组织整顿效果不明显，一些村级党组织甚至“让位”于宗教组织，严重削弱了南疆农村基层党组织领导核心作用的发挥，严重影响了党中央各项决策部署在南疆农村的贯彻落实。因此，提高南疆农村基层党组织建设质量，组织保障在于提高南疆农村党组织体系建设质量。近年来，自治区党委以整顿软弱涣散基层党组织为抓手，着力完善组织体系，持续改善南疆农村基层党组织体系建设质量。

南疆四地州严格落实中央和自治区关于组织体系建设的相关工作要求，完善农村软弱涣散基层党组织整顿机制，优化农村基层党组织设置，规范农村基层党组织运行，有效的提高了南疆农村基层党组织体系建设质量，为发挥农村基层党组织领导核心作用提供了有力的组织保证。一是持续整顿软弱涣散基层党组织，着力建立长效工作机制。近年来，南疆以整顿软弱涣散基层党组织为重点，结合实际，分类指导，突出整顿思想、整顿组织、整顿作风，采取有针对性的措施，总体按照不低于10%比例倒排软弱涣散村党组织深入整顿，实行“地县乡村”四级联动，厅级领导全部挂点包联、县级干部包联全面覆盖、包村领导牵头组织、驻村工作队全程参与，建立问题清单和任务清单，签订责任书，立下军令状，综合施策、多元发力，推动长效治理，持续解决农村基层党组织建设存在的突出问题。阿克苏地区将软弱涣散党组织整顿与村级组织“星级化”创建、村级事务管理“45678”工作机制[①]落实相结合，建立动态化管理、常态化整顿、规范化运行工作机制。喀什地区2019年整顿整治维稳重点村371个，整顿软弱涣散村党组织247个、扎

① 每日“4件事”：按时召开晨会、定时播放喇叭、安排干部坐班巡逻、组织村民小组学习；

每周5件事：升挂国旗、召开工作例会、开展联系走访、宣传教育、管好民俗活动；

每月“6事”：督促“三会一课”规范落实、指导召开村民（代表）大会、集中核报村级财务、办好文体活动、开展党团志愿服务、“十支队伍”考评；

每季7件事：度督促落实村级“三务”公开、统一制定学习计划并督促、抓好村级各类人才培训、加强惠民政策动态服务管理、开展“星级化”初评、开展帮扶慰问、接访调解；

每年“8件事”：党建工作“双向”述职、党员民主评议、培养村级后备干部和入党积极分子、“三资”清理核查、村级组织和村干部综合考核、“星级化”管理年度考评、选树优秀党员、评选优秀村党组织书记。

实开展“回头看”，巩固整顿成效。在主题教育中专项整治软弱涣散党组织163个，着力消除弱化党组织领导、阻碍稳定发展的因素。和田地区2019年确立152个整顿对象，突出“一村一档一台账”，抓好问题“回头看”，推动软弱涣散基层党组织整顿换挡升级。二是优化农村基层党组织设置，实现基层党组织全覆盖。南疆着力加强农村基层党组织体系建设，确保基层党组织覆盖无空白、无盲点，着力提高基层党组织的组织力。阿克苏地区按照“一总多支”模式，开展村级建立党总支、村民小组建立党支部工作，试点建立21个行政村党总支、88个村民小组党支部，有效解决“小马拉大车”问题。全面推进村民小组党小组建设，制定下发《关于进一步推进在村民小组建立党小组工作的通知》，对村民小组党员不足3人的，采取派驻村党支部委员、“访惠聚”驻村工作队员、乡镇包村干部等方式进行充实，5160个村民小组全部成立党小组。克州结合“访惠聚”驻村工作三年规划和实际需要，将驻村工作队临时党支部改设为正式党支部，下发《关于进一步加强“访惠聚”驻村工作队党的建设有关工作的通知》，增强驻村党员干部阵地在村、岗位在村意识，促进驻村党员干部发挥先锋模范作用。同时，强化护边员县大队、乡中队、村小队的指挥体系，对应建立党建工作领导小组4个、党支部26个、党小组（群团组织）74个，全州1450个村民小组全部建立了党支部或党小组。喀什地区大力推进党的基层组织全覆盖。根据工作任务的拓展，坚持把党组织建立在职业技能教育培训中心、村民小组、便民警务站、寺管会、网站等基础单元。三是规范农村基层党组织运行，提高工作质量和效率。南疆四地州立足农村实际，着力建设长效机制，规范农村基层党组织运行，发挥农村基层党组织的领导作用和党员先锋模范作用。克州督促县（市）印发规范党建工作体系建设通知，规范乡镇党建办、村党建工作站设置，明确乡镇党建副书记、村第一书记直接领导责任，夯实党建工作管理基础。分别按照3至4名、2至3名标准配备乡村两级专职党建工作人员，县（市）统一备案，明确专职专责，保证专职党务工作者把主要精力用在党务工作上，加强党建工作力量。固定1名党建工作联络员，建立专职党建工作人员网络群，加强党建信息共享，经验交流，提升党建工作机制运行效率。和田地区坚持一月一推进、一月一提升，明确工作主题，着力看亮点、补弱点、解难点；进一步细化村级党组织“十星级”创建内容，完善考核办法和标准，设定科学程序和步骤，提高农村基层党组织运行的规范化、制度化水平。

经过努力，南疆农村基层党组织基本实现了全面覆盖、体系健全、运行规范、效率提高、组织力提升的目标要求，为更好地发挥南疆农村基层党组织的领导核心作用提供了有效的组织载体。

（五）创新方式，提高南疆农村基层党组织思想教育质量

思想教育是提高南疆农村基层党组织建设质量的根本任务，思想教育到位，认识提高，就有行动的自觉。由于各种原因，在一定时期南疆农村基层党组织的思想教育比较薄弱，内容不准确、方式不科学，效果不明显，没有深入的宣传、阐释党的路线方针政策，不能很好地解决基层党员和群众的思想认识困惑问题，导致一些基层党员和群众思想认识模糊，在重大原则问题上立场不坚定，对贯彻落实党中央关于新疆工作的各项部署理解不深刻。因此，提高南疆农村基层党组织建设质量，根本在于改进思想教育，为实现新疆社会稳定和长治久安打下坚实的思想基础。

南疆四地州紧密结合农村基层党组织建设实际，围绕创新方式、丰富内容、提高效果、凝聚人心，着力改进农村党员和群众的思想教育质量，取得了较为显著的成效。一是创新学习方式方法，实现定期学习与灵活学习相结合。南疆四地州的农村基层党组织在“访惠聚”驻村工作队的支持和帮助下，坚持每周固定时间、固定地点组织党员集中学习教育一次，基本实现了党员学习教育常态化、规范化。同时，充分发挥县、乡两级党校的作用，组织开展党员学习教育培训示范班。对基层群众的学习教育，各地州结合实际，采取了形式多样的思想教育方式方法。总体上是以农牧民夜校为基本载体，坚持不懈加大宣传教育，持续深入开展发声亮剑活动，最大限度争取人心、凝聚民心。同时，喀什地区实行周一升国旗日、大宣讲日和惠民资金发放日“三结合”开展宣讲，并每年开展“基层组织杯”农牧民群众系列文体活动，持续用现代文化对冲极端宗教思想影响。克州广泛群众开展学国家通用语言文字、唱红歌、做广播操等活动，大力倡导进步、开放、文明、科学

的理念和行为方式，满足群众精神文化需求，坚决防止宗教极端思想渗透蔓延。阿克苏地区强化村级阵地作用发挥，常态化开展红歌唱起来、喇叭响起来、活动搞起来等“十个起来”活动，扎实开展每周一升国旗宣讲，完善丰富宣讲内容和宣讲形式，进一步增强各族群众“五个认同”[①]意识。二是学习内容上进一步丰富。近年来，南疆农村基层党组织紧紧围绕学习宣传习近平新时代中国特色社会主义思想，以新时代党的治疆方略、党史和新中国史等为重点，以新疆“四史”、党的民族宗教政策为基础，加强对基层党员和群众的思想理论教育，有效地帮助他们从思想上廓清关于新疆民族宗教问题上的认识误区，树立正确的思想导向和价值观念，不断增强“五个认同”，铸牢中华民族共同体意识。

经过努力，南疆农村基层党组织对党员和群众思想教育坚持以现代文化为引领，推进宣传工作常态化，基本实现“到人、管用、有效”的目标要求，帮助基层党员群众树立了正确导向，增强了心理认同，凝聚了人心力量，南疆农村基层党组织的政治领导力、思想引领力、社会号召力和群众组织力得到持续提高。

（六）完善机制，提高南疆农村基层党组织服务群众质量

服务群众是提高南疆农村基层党组织建设质量的重要目的，是党的性质宗旨在南疆农村工作中的具体体现，是实现新疆社会稳定和长治久安总目标的必然要求。由于一个时期内，南疆农村基层党组织建设存在组织软弱涣散、党员先锋模范作用发挥不明显、工作机制不健全、领导班子能力素质偏低等问题，导致服务群众的意识较差、行动不到位，中央和自治区各项民生政策的落实打了折扣，削弱了做好新疆工作的群众基础。因此，提高南疆农村基层党组织建设质量，一个重要目的就是要把基层党组织建设质量的效果，体现到不断提高群众工作能力和水平上来，着力提高服务群众的质量，更好凝聚和团结南疆农村基层群众贯彻落实新时代党的治疆方略。

南疆四地州以提高农村基层党组织自身建设质量为基础，着力完善联系

① 对伟大祖国、中华民族、中华文化、中国共产党、中国特色社会主义的认同。

服务群众的机制，有效回应群众诉求，坚决落实惠民政策，持续改善党群关系，为维护社会稳定、推动改革发展、促进民族团结打下了比较坚实的基础。一是紧紧围绕新疆工作总目标，推动党员干部住户走访全覆盖。南疆四地州坚持把做好群众工作作为提高农村基层党组织建设质量的根本目的，注重发挥组织优势，推动干部力量下沉、宣教活动常态化。克州下发《自治州干部住户"两个全覆盖"工作方案》、《关于进一步做好干部住户工作的通知》等5份文件，不断推动"两个全覆盖"工作制度化、规范化、常态化。和田地区以村党支部、"访惠聚"驻村工作队等为主体，集中人力、集中时间对包户住户工作进行调研，树立群众生产生活遇到的问题和困难，剖析内在原因，制定解决办法，仅2019年就住户入户56.3万户，帮助群众解决生产生活困难70余万件。二是结合南疆农村基层群众工作实际，着力解决特殊群体的帮扶教育工作。针对一些特殊人员亲属的帮扶教育，南疆农村基层党组织耐心细致地宣传教育、理顺情绪、化解心结，有效稳定了特殊人员亲属思想。全面实施特殊人员亲属与在教学员双向积分制管理，根据其表现进行打分，分数累计达到不同级别，兑现电话通话、视频见面、亲情会见等奖励，调动特殊人员亲属配合支持基层党组织工作的积极性。三是转变服务去群众方式方法。南疆农村基层党组织全面落实村党组织主导群众开展起名、割礼、婚礼、葬礼"四项活动"，让村党组织走向前台，以服务群众为抓手、现代文明为引领，倡导移风易俗，有效防范和抵制极端宗教思想蔓延渗透。探索推进"小区化居住、社区化管理"规划建设试点工作，在不改变村民自治机制、不增加管理层级的前提下，整合原有村民小组，根据城市社区党组织组建标准设置党组织，选优配强班子，规范制度运行。加大嵌入式社会结构和社区环境建设力度，积极稳妥推进"嵌入式"小区建设，创造各族群众"共居、共学、共事、共乐"的社会条件，促进交往交流交融。

经过努力，南疆农村基层党组织服务群众工作得到有效改善，基本实现了服务常态化、工作规范化，群众工作的针对性、有效性得到明显提高，基层党组织的凝聚力得到显著增强。

四、进一步提高南疆农村基层党组织建设质量的思考与建议

党的十八大以来，特别是第二次中央新疆工作座谈会以来，自治区党委坚持把抓基层打基础作为长远之计和固本之举，以提高基层党组织建设质量为根本，持续用力，久久为功，推动全疆基层党组织建设质量得以不断改善。南疆四地州以提高农村基层党组织建设质量为重点，坚决落实中央和自治区关于基层党组织建设的各项工作部署和要求，明确责任，细化举措，注重实效，使南疆农村基层党组织建设质量得到较为显著的改善。但根据党的十九大以来提高党的建设质量的工作要求，结合实现新疆社会稳定和长治久安总目标的现实需要来看，南疆农村基层党组织建设质量还存在一定的问题和不足，必须进一步加以改进提高。

（一）提高南疆农村基层党组织建设质量存在的不足

提高南疆农村基层党组织建设质量是一项系统工程，事关根本，必须从全局出发，扎实用力，补齐短板，整体提升。经过近年来的努力，南疆农村基层党组织建设的质量得到了较为显著的改善，为推动新疆工作总目标的实现提供了比较坚实的组织基础。但根据新时代党的建设总要求，结合新疆工作实际，从长远来看，南疆农村基层党组织的建设质量仍然存在一些问题与不足，需要久久为功，持续用力，进一步加以改善和提升。

一是南疆农村部分基层组织对提高党的建设质量的理论认识和把握不到位。提高党的建设质量，是新时代党的建设总要求提出的加强党的建设的重大课题，对着力破解党的建设中存在的难题和痛点，深化全面从严治党具有十分重要的意义，是各级党组织在党的建设各项工作中必须准确把握、深刻理解、坚决落实的根本要求。但在调研中，我们发现，南疆一些农村基层党组织对提高党的建设质量的理论认识和把握不到位，认识不准确。主要表现在：一些乡镇党委书记和班子成员对提高党的建设质量的要求学习不够，在思想上对提高党的建设质量不重视，导致抓基层党建工作依然是老套路、老办法，不能有效解决南疆农村基层党组织建设存在的新问题，质量改善不明

显；大多数村级党组织书记和班子成员对提高党的建设质量的相关要求知之甚少，个别人甚至对此是一无所知，在抓党建工作落实中依然是被动完成上级安排的各项具体任务，忙于应付，不能很好地结合实际，创造性地开展工作，不利于提高南疆农村基层党组织建设质量。

二是缺乏完善的南疆农村基层党组织建设质量评价体系。应该说，近年来南疆农村基层党组织建设的各项具体工作都取得了长足的进步，但从整体来看，南疆农村基层党组织建设质量的评价体系还没有完全建立起来。主要表现在：对南疆农村基层党组织建设工作抓得好不好，质量高不高的评估，基本上是停留在各项具体任务落实的情况怎么样，注重各项材料和台账检查，缺乏系统科学的分析评估机制。对南疆农村基层党组织建设质量的评价上，标准不明确、不统一，导致不同的评价主体和执行者对评价标准理解把握不一样，评价的随意性比较大，对提高南疆农村基层党组织建设质量带来一定的干扰。

三是南疆农村部分基层党务工作者队伍的能力素质不能完全适应新时代提高党的建设质量的工作要求。提高党的建设质量，基础在于有一支素质比较过硬的党务工作者队伍。虽然近年来南疆加强了对农村党务工作者的培训，但从调研的结果来看，南疆农村党务工作者队伍的能力素质仍然存在一定的不足。主要表现在：一些村级党组织书记和班子成员的能力素质偏低，无法吃透政策，解决实际问题的能力不足，开展工作的思路不宽、办法不多，不能满足提高党的建设质量的需要；一些党务工作者本身的思想政治素质和文化素质偏低，对党建各项工作要求难以理解准确、落实到位，导致一些党建工作在执行中走了样、出了偏差；一些乡镇层面的党务工作者对党建工作认识缺乏思想认识上的高度，把党建工作等同于一般性的业务工作，停留在抓具体业务上。

四是南疆农村基层党组织建设制度保障不完善，缺乏提高基层党组织建设质量的长效机制。提高党的建设质量的长期性，决定了必须建设一套长效机制，保障各项工作要求得到坚决贯彻落实。近年来，南疆农村基层党组织的各项制度建设有了明显改善，但还没有完全建立起长效机制。主要表现在：基层党建工作责任体系不健全，村级党组织履行主体责任、书记第一责任、班子成员一岗双责履行不到位，还不同程度存在党建工作与业务工作“两张皮”问题；理论学习机制不健全，学习习近平新时代中国特色社会主义思想，特别是习近平总书记关于全面从严治党重要论述不深入、不系统、碎片化，学用脱节问题比较突出；党员教育管理机制不健全，少数党员干部仍然对“干部作风不实是我们最大的敌人”的认识不深刻、理解不透彻，作风不严不实，违反纪律问题时有发生，侵害群众利益的问题依然存在；整顿软弱涣散基层党组织长效机制落实不到位，存在“年年整顿，年年软弱涣散”的现象。

（二）进一步提高南疆农村基层党组织建设质量的基本思路

南疆农村基层党组织的特殊重要地位与作用，决定了提高南疆农村基层党组织建设质量的必要性和紧迫性。因此，要以习近平新时代中国特色社会主义思想为指导，以牢固树立“四个意识”、坚定“四个自信”、坚决做到“两个维护”为引领，紧紧围绕贯彻落实以习近平同志为核心的党中央关于提高党的建设质量的要求，以立足南疆农村实际，坚持系统思维，整体谋划，着力把南疆农村基层党组织建设各项工作抓实、抓细、抓到位，进一步提高南疆农村基层党组织建设质量。

1. 注重对提高党的建设质量理论的学习培训，增强抓好南疆农村基层党组织建设质量的思想自觉

理论是行动的指导，决定了我们的行动的科学性和有效性。提高党的建设质量作为新时代党的建设的重大课题，着力推进各项工作要求的落实，需要有科学的理论指导。提高南疆农村基层党组织的建设质量，首先要解决的是关于党的建设质量理论的学习问题，从思想上深刻认识提高党的建设质量的重要意义、目标要求、理念原则，真正搞清楚提高党的建设质量要干什么、怎么干。只有这样，才能增强提高党的建设质量的自觉性，在各项具体的党建工作中牢牢把握提高党的建设质量的要求，推动南疆农村基层党组织建设质量得到实实在在的改善和提高。因此，提高南疆农村基层党组织建设质量，必须加强对提高党的建设质量理论的学习培训，深化思想认识，转变思路观念，增强行动自觉。一是以南疆各地州、县市、乡镇党组织负责人和

班子成员、组织部门负责人和农村党建工作相关部门工作人员为主要对象，加强对提高党的建设质量的理论学习培训，着力解决对上级党组织相关人员对提高南疆农村基层党组织建设质量思想认识不深刻、规律把握不准确、工作部署不科学等问题，提高其从全局高度，整体谋划、系统部署南疆农村基层党组织建设的能力水平，为提高南疆农村基层党组织建设质量提供有力的组织保障。二是以习近平总书记关于提高党的建设质量重要论述、提高党的建设质量的历史经验、自治区党委关于提高基层党组织建设质量相关要求、南疆农村基层党组织建设的现状等为主要学习培训内容，着力解决上级党组织相关工作人员对提高南疆农村基层党组织建设质量理论基础不够扎实、政策水平不够高、工作思路不够开阔、改革创新不够到位等问题，提高其以科学理论为指导，合理制定政策依据，结合实际创造性推动南疆农村基层党组织的能力水平，为提高南疆农村基层党组织建设质量提供科学指导和有力政策支持。三是以理论中心组学习、党校专题培训、支部党课、现场考察、座谈研讨、经验交流等为主要方式，通过“请进来”、“走出去”，充分利用援疆资源，学习中、东部地区学习提高基层党组织建设质量的先进经验，丰富学习形式，增强学习效果，确保提高党的建设质量的理论学习培训能够入脑、入心，转化为上级党组织相关人员推动南疆农村基层党组织建设质量持续改善和提高的行动自觉。

2. 建立健全南疆农村基层党组织建设质量评价体系，强化党建工作的目标引领和工作导向

建立健全符合南疆农村基层党组织建设实际的质量评价体系，是提高南疆农村基层党组织建设质量的重要内容和有力抓手，具有基础性、指导性的作用。因此，要以科学的目标为引领，树立正确的工作导向，坚持立足实际，构建科学有效、务实管用的南疆农村基层党组织建设质量评价体系。一是南疆农村基层党组织建设质量评价的总体思路，要坚持以实现新疆社会稳定和长治久安总目标为引领，突出南疆农村基层党组织在稳疆安疆中的基础性、根本性作用，着力把南疆农村基层党组织建设成为服务群众、维护稳定、反对分裂的坚强战斗堡垒。二是南疆农村基层党组织建设质量评价的基本要求，要着眼于日常党建工作开展情况，坚持常态化评价的原则，以日常

评价为主，把日常评价、集中评价和专项评价相结合；要着眼于提升评价的科学性，坚持细化、量化的原则，以定量评价为主，把定量评价和定性评价相结合。三是南疆农村基层党组织质量的评价指标，要以党章为根本遵循，以新时代党的建设总要求和组织路线为科学指导，以新时代党的治疆方略关于基层党组织建设的部署为工作要求，紧密结合《中国共产党农村基层组织工作条例》，从组织设置、班子建设、党员队伍建设、反恐维稳、民族团结、脱贫攻坚、领导保障等方面，坚持分类评价原则，按照基础工作、重点工作、创新工作、一票否决事项等进行分解细化，设定相应的评价指标。四是南疆农村基层党组织建设质量的评价方式，要以组织评价为主导，多元化评价。坚持以党组织书记述职和组织定期评价为基础，采取群众评价、“访惠聚”驻村工作队评价、专项巡察、实地查看、走访调查等多种方式，进行全方位的评价，努力提高评价的全面性、真实性和精准性。五是南疆农村基层党组织质量评价结果的运用，要将评价结果作为基层党组织负责人和班子考核评优的重要内容，制定相应的奖惩激励办法；要将评价结果，做落实全面从严治党政治责任的重要依据，纳入南疆地州、县市和乡镇党委班子考核评价体系中去，与其提拔任用、激励约束、责任落实相结合。

3. 加强南疆农村基层党务工作者队伍建设，提高落实党建工作要求的履职能力

建设一支政治坚定、能力过硬、作风扎实的党务工作者队伍，是提高南疆农村基层党组织建设质量的基础所在。南疆农村基层党务工作者队伍建设，要拓宽选人用人渠道，加强能力素质培训，强化激励保障，着力解决“招得到、留得住、干得好”的问题。一是拓宽基层党务工作者选聘渠道，从现有的乡镇公务员、专业军人和留疆战士等队伍中，选派党性强、品行好、能力强的优秀干部，担任村级党组织党建指导员，配齐配强南疆农村基层党务工作者队伍；注重从内地大学生、返疆大学生等群体中选聘基层党务工作者，积极做好基层党务工作者的后备干部储备工作。二是加强对南疆农村基层党务工作者的培训。把南疆农村基层党务工作者的培训纳入到地州、县市党校的培训范围内，定期组织开展党务工作的专题业务培训；注重发挥“访惠聚”驻村工作队的“传、帮、带”作用，依托派出单位的支持和资源，

对南疆农村基层党务工作者进行业务培训和指导；注重创新南疆农村基层党务工作者培训的方式方法，通过考察参观、交流任职、以老带新、定点指导等方式，有针对性地提高南疆农村基层党务工作者的能力素质。三是完善对南疆农村基层党务工作者的考核激励。要结合南疆农村工作的实际，以党组织建设规范化标准化、党员队伍建设到位、组织生活健全、领导作用明显等为基础，注重考核党组织在反恐维稳、脱贫攻坚、民族团结、宗教管理等重点工作中作用发挥情况，完善对南疆农村基层党务工作者的考核内容。要坚持责任细化、管理严格、注重实绩、分类考核的原则，按照“月汇总、季小结、半年初评、年终总评”的要求，采取组织考核、群众评价、“访惠聚”驻村工作队配合的方式，把日常考核、重点考核和随机抽查相结合，完善对南疆农村基层党务工作者的考核机制。要坚持导向正确、奖惩分明、保障到位的思路，有效运用考核结果，对不能胜任的党务工作者及时调整，对能力突出、表现优秀的党务工作者要予以相应的激励，并作为干部选任的重要依据，拓宽南疆农村基层党务工作者的发展途径。四是加强南疆农村基层党务工作者队伍建设的领导保障。把南疆农村基层党务工作者队伍建设作为一项事关南疆社会稳定和长治久安的基础性工作，纳入地州、县市、乡镇党委全面从严治党主体责任范围内，加强对南疆各级党委抓农村基层党务工作者队伍建设情况的考核，并作为落实全面从严治党主体责任的重要内容，向上级党组织述职，接受监督，并予以相应的激励奖惩。

4. 完善南疆农村基层党组织的工作机制建设，加强党建工作的制度保障

完善的工作机制，是提高南疆农村基层党组织建设质量的制度保障，要着力构建责任明确、科学合理、有效管用、符合实际的南疆农村基层党组织工作机制，实现党建工作质量提升的长效化。一要完善南疆农村基层党组织党建工作责任制，建立县市、乡镇、村级党组织、“访惠聚”驻村工作队等在加强南疆农村基层党组织建设中的责任清单，健全责任落实机制，强化监督考核，确保责任明确，分工到位，落实有效。二是完善南疆农村基层党组织党员学习教育机制。依托农民夜校、“访惠聚”驻村工作队宣讲、党校送教下基层、援疆省市送教、党员远程教育系统等手段，实现党员理论学习教育的常态化和长效化。注重对党的理论、党的历史、党的基本知识、新疆历

史、法律政策、农业技术等内容的学习培训，着力提高党员的素质能力。要定期组织讨论、交流、考评，对党员学习效果进行评估，并对在学习中表现积极，成效明显的党员，予以相应的表彰激励。三是完善南疆农村基层党员干部的管理监督机制。健全“访惠聚”驻村工作队的监督指导机制，加强村级党组织班子成员作用发挥的监督。健全村级党组织组织生活制度，规范党内政治生活，形成有效的组织监督。建立党小组工作机制，确保党小组活动正常、保障到位，实现对党员教育管理的常态化。四是强化整顿软弱涣散基层党组织机制的落实。把整顿软弱涣散基层党组织纳入到乡镇党委和“访惠聚”驻村工作对年度考核内容中去，明确责任，强化工作落实。实行软弱涣散基层党组织整顿“回头看”，确保整顿彻底，长效“脱帽”，防止出现反弹回潮现象。

（本文系 2019 年全国党校系统重点调研课题成果）

机关单位推进基层党组织标准化规范化建设的调查研究

——以 A 机关为例

【摘要】推进基层党组织标准化规范化建设，既是对党的建设历史经验的总结，也是党的十八大以来以习近平同志为核心的党中央对加强基层党组织建设提出的根本要求，对提升基层党组织的组织力，突出政治功能，把基层党组织建设成为坚强战斗堡垒具有极为重要的意义。本课题围绕机关单位基层党组织标准化规范化建设，以A机关为研究对象，对机关单位推进基层党组织标准化规范化建设进行分析，着力总结实践经验，查找存在的问题和不足，对机关单位进一步推进基层党组织标准化规范化建设提出一些建议对策。

我们党成立百年来，一直高度重视基层党组织建设，为顺利推进革命、建设和改革提供了坚实的组织基础。从党的四大通过的党章首次明确支部是党的基本组织，并对支部成立的条件及其成员产生办法进行了规定，到三湾改编把支部建在连上；从党的七大第一次提出把党的基层组织从党的支部扩展到党的总支部和基层党委，到党的八大明确基层组织主要包括基层党委员会、总支部委员会和支部委员会；从陈云在《解放》第七十三期发表的《支部》一文中指出，“支部不但要在组织形式上具有核心的堡垒的姿式，而且要在实质上真正能起核心的堡垒的作用”，到党的十二大党章明确规定“党的基层组织是党在社会基层组织中的战斗堡垒”。可以看出，我们党始终坚持根据事业发展的需要和形势变化，不断深化对党的基层组织建设的认识和实践。党的十八大以来，习近平总书记进一步深化对执政党建设规律和党的建设规律把握，高度重视基层党组织建设，突出标准化规范化在党的建设中的基础性、战略性作用，以问题为导向、以破题为要旨，对“为什么建设标准化规范化党组织、怎么样建设标准化规范化党组织”提出了一系列富有创建性的理论观点，系统地构建了基层党组织标准化规范化建设的理论体系，为推进基层党组织标准化规范化建设指明了前进方向、提供了根本遵循。习近平总书记指出，“动力还来自于有一个较高的工作标准。标准决定质量，有什么样的标准就有什么样的质量，只有高标准才有高质量”。这是中国共产党人首次单独论述标准化规范化与党的建设之间的关系，将标准化规范化的理念嵌入到党的建设工作中，为新时代基层党建工作创新提供了鲜活的思路。机关单位基层党组织作为党的基层组织重要组成部分，其标准化规范化建设水平对党的基层组织建设具有十分重要的影响，因此，课题在深刻理解把握机关单位基层党组织标准化规范化建设的重要意义的基础上，以A机关为例，对机关单位推进基层党组织标准化规范化建设进行分析，着力总结实践经验，查找存在的问题和不足，对机关单位进一步推进基层党组织标准化规范化建设提出建议对策。

一、机关单位推进基层党组织标准化规范化建设的重要意义

（一）机关单位推进基层党组织标准化规范化建设是全面从严治党向基层延伸的必然要求

党的十八大以来，以习近平同志为核心的党中央立足于新的历史条件下改革发展和党的建设面临的新形势新挑战，提出了全面从严治党的重大命题，并将之上升为党治国理政的重大战略部署。习近平总书记指出，全面从严治党，核心是加强党的领导，基础在全面，关键在严，要害在治。由此可

见，全面从严治党，意味着管全党、治全党，全面从严治党要覆盖各领域、各部门、各层级；意味着把严的要求落实到党的建设各方面。机关单位基层党组织是党的基层组织重要组成部分，肩负着宣传和执行党的路线、方针、政策，宣传和执行党中央、上级组织决议的重要职责，对其他领域基层党组织建设起着表率和风向标作用。因此，推进全面从严治党向基层延伸，必须从战略高度重视机关单位基层党组织建设，以全面从严治党各项工作部署为引领，以提升组织力为重点，以标准化规范化建设为抓手，强化政治担当，坚持敢管敢严、真管真严、常管长严的原则要求，针对机关基层党组织建设存在的突出问题，采取务实管用的举措办法，把全面从严治党各项要求落实到位，实现机关单位全面从严治党常态化。

（二）机关单位推进基层党组织标准化规范建设是加强党的组织体系建设的基础所在

习近平总书记在2018年全国组织工作会议上首次提出了新时代党的组织路线，强调以党的组织体系建设为重点。2020年6月底，习近平总书记在中央政治局第二十一次集体学习时进一步指出，要“抓好党的组织体系建设。严密的组织体系，是马克思主义政党的优势所在、力量所在。”[①]我们党是马克思主义政党，从成立之日起，就高度重视党的组织体系建设，并根据历史条件的变化不断调整改革完善组织休系，使之始终充满生机活力，形成了包括党的中央组织、地方组织、基层组织等为主体的组织架构、以民主集中制为根本组织原则、以党员队伍建设为基础的严密组织体系，为党的政治路线贯彻落实提供了有力的组织保证。实践证明，在党的组织体系中，党的基层组织是党的肌体的“神经末梢”，要充分发挥战斗堡垒作用。每个党员特别是领导干部都要强化党的意识和组织观念，自觉做到思想上认同组织、政治上依靠组织、工作上服从组织、感情上信赖组织。因此，机关单位基层党组织通过推进标准化规范化建设，围绕健全基层党委、总支委员、党支部的基层组织体系，科学推动党建和业务有机融合，加强对党员队伍的教育管

① 习近平．贯彻落实新时代党的组织路线，不断把党建设得更加坚强有力［J］．求是，2020（15）．

理监督，建设政治过硬、本领高强、作用优良的党务干部队伍等重点内容，持续提高基层党组织的组织力，不断夯实党的组织体系建设基础。

（三）机关单位推进基层党组织标准化规范化建设是提高党的建设质量的重要任务

在党的十九大报告中，习近平总书记在党的历史上首次提出“不断提高党的建设质量”的重大论断和要求。2018年在全国组织工作会议上，习近平总书记进一步强调：“提高党的建设质量，是党的十九大总结实践经验、顺应新时代党的建设总要求提出的重大课题。”提高党的建设质量是一个宏大而系统的工程，需要全面发力，整体推进，包含了党的建设各个方面内容的效果评价。但从基层党组织的地位作用来看，基层党组织建设质量是事关党的建设整体质量的重点任务和基础性工程，是贯彻落实提高党的建设质量要求的关键所在。为此，习近平总书记指出，要坚持强基固本。我们树立大抓基层鲜明导向，持续整顿软弱涣散基层党组织，推动基层党组织全面进步、全面过硬，为提高基层党组织建设质量提出了明确的要求。机关基层党组织作为党全部工作和战斗力的重要基础之一，其建设质量的高低决定着提高党的建设质量的成效，关系到党的执政基础能否稳固、党的先进性纯洁性能否永远保持、党的全面领导能否坚强有力。因此，着力推进机关单位基层党组织建设标准化规范化建设，抓紧解决一些机关单位不重视基层党组织建设，基层党组织弱化、虚化、边缘化问题，是提高党的建设质量的重要任务。

二、A机关推进基层党组织标准化规范化建设主要实践

近年来，A机关深入学习贯彻习近平总书记关于基层党组织标准化规范化建设的重要论述精神，以高度的政治自觉，突出理论指导，加强顶层设计，紧密结合实际，采取有力措施，着力提升组织力，突出政治功能，以党支部为重点，大力推进基层党组织标准化规范化建设，取得了一定的成效。

（一）以党的政治建设为统领，确保基层党组织标准化规范化建设坚持正确政治方向

党的政治建设是党的根本性建设，A机关的机关党委、各党总支、党支部始终按照党中央的要求，以党的政治建设为统领，旗帜鲜明讲政治，切实把政治标准和政治要求贯穿到基层党组织标准化规范化建设全过程。一是把坚决维护习近平总书记党中央的核心、全党的核心地位、坚定维护党中央权威和集中统一领导作为根本政治原则，持续进行强化政治机关意识教育，切实增强“四个意识”、坚定“四个自信”。二是深化理论武装，夯实加强党的政治建设的思想基础。坚持把习近平新时代中国特色社会主义思想放在理论武装的突出位置，扎实推进新时代党的治疆方略学习宣传，及时跟进学习习近平总书记的最新讲话、重要指示和重要文章，努力做到学习跟进、认识跟进、行动跟进。在学习内容上，为副处副高以上职工配发《习近平谈治国理政》、《习近平在宁德》、《习近平在厦门》及习近平总书记系列重要论述摘编等学习资料；为全体党员干部和职工配发党史学习教育基本教材，要求深入学习党史，全面把握历史规律，努力提高工作本领；为全体党员干部和职工配发读本《简明新疆地方史》，要求深入开展党中央关于新疆的若干历史问题、新疆的反恐怖、去极端化斗争与人权保障等方面的理论政策学习。在学习方式上，坚持以理论学习中心组学习为引领，以各党总支、党支部有针对性地选择学习教材，有计划地安排学习为主体，以集中培训教育和学习研讨为示范，以党员自学为补充，形成全方位、多层次的理论学习方式。三是严格落实意识形态工作责任制，成立意识形态工作领导小组，立足于单位意识形态工作的特点和实际，制定印发《A机关关于加强意识形态阵地管理的意见》、《A机关职工参与媒体活动报告备案制度》、《A机关教师外出讲课报告备案制度》、《督学管理暂行办法》、《教学管理应急制度》、《教学讲义编印发行制度》、《A机关关于加强科研工作中意识形态安全的措施》、《A机关网络安全事件应急预案》、《信息网络中心意识形态阵地管理制度》、《新疆A机关网络运行安全、内容安全、数据安全管理制度》等系列制度，每年均组织党员干部签订《教研部（中心）主任意识形态工作责任书》、《教研人员意识形态工作责任书》、《A机关网络与信

息安全工作管理责任书》，并根据中央和自治区的要求，及时制定和调整意识形态重点工作，强化责任落实。

（二）以党建工作责任制为抓手，落实基层党组织标准化规范化建设责任

党建工作责任制，是落实全面从严治党各项要求具体抓手，是确保党建工作常抓不懈、取得实效的有力保证，是从制度机制层面推动基层党建工作各项目标任务落实的重要举措。近年来，A 机关以党建工作责任制为抓手，形成了校（院）委统一领导，部署安排，机关党委聚焦党建工作主责主业，科学谋划，党总支和党支部具体执行的党建工作责任落实的格局和机制。一是注重顶层设计谋划，在深入总结实践经验的基础上，根据中央和自治区关于基层党组织标准化规范化建设相关工作要求，经过反复讨论和征求意见，印发了《A 机关党支部建设质量提升三年攻坚计划（2019—2021 年）》《A 机关关于加强和改进机关党的建设的实施方案》，为深入推进基层党组织标准化规范化建设提供了科学指导。二是每年年初召开专题会议，研究部署全年党建重点工作，印发《党建工作要点》《党风廉政建设和反腐败工作要点》，分层次签订年度党建工作、党风廉政建设目标责任书。三是制定《领导班子成员组织生活及包联党支部计划》并带头抓落实，以“不忘初心、牢记使命”主题教育为例，在这期间 A 机关领导带头讲党课 8 堂、以普通党员身份参加所在党支部和包联党支部组织生活会 14 场，各党总支、党支部书记分别带头讲党课 34 堂。四是落实落细党支部书记述职评议评分工作机制，把述职评议得分情况作为重要指标纳入年底绩效考核。

（三）以基层组织体系建设为重点，提高各级党组织标准化规范化建设质量

基层党组织标准化规范化建设质量的一个集中体现，就是基层组织体系是否健全，作用发挥是否到位，组织力是否得到提高。近年来，A 机关坚持以基层组织体系建设为重点，着力解决一些基层党组织存在的领导不力、政治属性彰显不到位、战斗堡垒作用不明显等问题，有效改善和提高了基层党组织

标准化规范化建设质量。一是扎实开展基层换届工作，确保基层党组织班子建设坚强有力。2019 年，A 机关召开全体党员大会，选举产生了第六届机关党委委员和第五届机关纪委委员，六个党总支、35 个党支部都进行了换届选举。坚持政治过硬、本领高强、作风优良的标准，选优配强机关党委、党总支和党支部支委班子成员，为推动基层党组织工作标准化规范化提供了强有力的领导力量。二是坚持以发挥先锋模范作用为目的，加强党员队伍建设。强化党员教育管理监督，坚持以每周党支部常态化政治学习为基础，以集中教育培训为主渠道，以党员自学为补充，加强党员教育培训，提高思想政治素质。2019 年组织中青年党员骨干教师参加中央党校（国家行政学院）调训 21 人、组织部调训 6 人；举办 4 期党性教育专题培训班，组织 118 名党员干部参加在延安、井冈山、贵州的党性专题培训；举办党员干部专题培训班 5 期，培训在职党员和离退休党员共 504 人。坚持把政治标准放在首位，严格程序，做好党员发展工作。坚持把日常表现和关键时刻的表现相结合，加大教育培训力度，及时把符合党员标准和条件的高素质、高学历年轻人才到党的队伍中来，同时，严格发展党员纪律的落实，确保新发展党员质量过硬。2019 年递交入党申请书 5 人，入党积极分子 3 人，发展对象 5 人，按期转正 1 人，延期转正 1 人。2020 年上半年，递交入党申请书 3 人，确定入党积极分子 4 人，发展对象 6 人，预备党员 3 人，对 1 名预备党员的发展不予批准。三是着力发挥各党总支作用，对重点党总支配备专职书记，以党总支为重要载体，充分发挥其领导、督促和检查的作用，扎实推进 A 机关关于基层党组织标准化规范建设各项工作部署落实到位。四是加大对党务工作者的培训力度，坚持以政治理论学习培训为根本，以党务专业学习培训为重点，以提高党务工作质量为目的，形成科学的培训思路，对党务工作者进行系统学习培训。2020 年、2021 年各举办 A 机关党务工作者培训班两期，共计对全体党务工作者共计 360 余人次进行了为期 12 天的专题培训。

（四）以加强和规范组织生活为主要内容，着力推进基层党组织标准化规范化建设

党的组织生活是党内政治生活的重要内容，是党组织对党员进行教育、

管理、监督和服务的重要形式。加强和规范党的组织生活是贯彻全面从严治党要求重要基础，是不断提高党员政治觉悟和党性修养主要途径。加强和规范党的组织生活，就是要以严的标准、严的要求、严的措施推动党的组织生活制度化、经常化、规范化，有效加强党员队伍的教育和管理，增强各级党组织的创造力、凝聚力和战斗力。可以说，组织生活的规范开展，是基层党组织标准规范化建设主要任务和成效的集中体现。近年来，A机关认真贯彻落实《关于新形势下党内政治生活的若干准则》，以党支部组织生活为重点，持续加强和规范组织生活，不断深化基层党组织标准规范化建设。一是每月召开机关党委委员会议，各总支书记汇报当月工作开展情况和下月工作计划，讨论研究下月党建工作要点，通过层层传导工作压力，实现机关党委抓党总支、党总支抓党支部、支部抓“标准化规范化”建设的良性互动工作机制。二是抓实“三会一课”制度的落实。坚持按时召开支部党员大会和支委会，确保每次会议会前准备充分、会中讨论民主、会后执行到位，并形成会议记录档案。同时，坚决落实党课制度，支部书记和支委班子成员坚持每月讲党课，要求党课要有讲义、有记录等。三是抓实主题党日，把支部主题党日作为统筹融合“三会一课”、谈心谈话、组织生活会的重要载体，推动支部结合实际开展活动。机关党委每月明确一主题，指导各党总支、支部结合业务工作开展主题党日活动，要求主题党日要突出党性锻炼和政治属性，必须有总体规划、实施方案、程序步骤和总结分析。四是严格落实分管领导和机关党委委员联系指导制度，强化指导。分管领导和机关党委委员定期提醒和参加支部组织生活，分管领导在自己联系支部，带头讲党课，开展点评讲评，跟踪抓好问题整改。

三、A机关推进基层党组织标准化规范化建设存在的主要问题

总体来说，A机关经过近年来的努力，基层党组织标准化规范化建设取得了一定的成效，在一定程度上增强了基层党组织的政治功能，提高了基层党组织的组织力，为贯彻落实中央和自治区各项工作部署提供了坚实的组织基础。但从实践中来看，A机关基层党组织的标准化规范化建设还存在不少的问题。

（一）基层党组织标准化规范化体系建设存在短板

近年来A机关制定了基层党组织标准化规范化建设的系列制度和实施办法，总体上形成了推进基层党组织标准化规范化建设的体系，取得了较为显著的工作成效。但是，从具体实施过程来看，还存在一定的短板。一是一些制度对基层党组织标准化规范化建设的要求和内涵理解不够准确，政策把握不到位，调查研究部深入，存在结合实际不精准的问题。二是基层党组织标准化规范化体系的分类指导不够，可操作性需要进一步增强，检查考核存在“一刀切”，侧重于检查考核“做没做”，对做的“好不好”缺乏有效检查考核方式，导致基层党组织建设中存在一定的形式主义。三是未完全形成科学有效的基层党组织标准化规范化建设考核结果运用机制，考核结果与年终考评、职务晋升、选优评优结合不紧密，基层党务工作者工作动力不足。

（二）落实党建工作责任不够实

把党建工作责任落实落细，是加强基层党组织标准化规范化建设的重要抓手，近年来，A机关采取了一系列举措，自上而下强化党建工作责任的落实，推动了党建各项工作的深入开展。但从实践来看，党建工作责任的落实还需要进一步夯实。一是仍然存在个别党支部负责人或支委班子，对党建工作在思想认识上政治站位不高，缺乏抓党建工作的主动性和自觉性。二是对党建工作责任的分解和工作部署，一定程度上存在以“文件落实文件”的现象，对相关工作要求的理解和认识需要进一步深化。三是落实党建工作责任的工作机制不够顺畅，A机关党建工作领导小组、机关党委、党总支和党支部的工作责任需要进一步细化，着力完善各层级之间的领导、指导、协调机制。

（三）党建和业务“两张皮”问题尚未根本解决

持围绕中心抓党建、抓好党建促业务，坚持党建工作和业务工作目标同向、部署同步、工作同力，以高质量党建引领高质量发展，这是加强基层党组织标准化规范化建设的根本遵循。从实践来看，A机关党建和业务“两张皮”问题尚未根本解决。一是部分基层党组织班子成员难以准确把握党建和业务工作的联系与区别，对党建工作主要是做人的工作，业务工作主要是做事或物的工作，但如何把这两者进行有机结合，缺乏有效思路。二是部分基层党组织负责人因党建工作周期长、见效慢，业务工作周期短、见效快，而更愿意抓业务，对党建工作不热心、不主动，谈业务工作头头是道，谈党建工作支支吾吾，存在被动抓、应付抓、消极抓的现象。三是党建和业务工作的考核评价结合不紧密，存在就党建考党建、就业务考业务，在考核体系中，缺乏充分体现党建促业务的效果评价指标。

（四）组织生活的创新力度和思想深度需要进一步提升

组织生活是党员教育管理监督的重要途径，是加强基层党组织标准化规范化建设的重要平台和内容。近年来，A 机关多措并举，不断规范组织生活，夯实了基层党组织标准化规范化的基础。但从实际效果来看，组织生活的创新力度和思想深入需要进一步提升。一是有的基层党组织在学习教育上，仍然存在简单地念文件、读报纸，局限于你讲我听“灌输式”学习，不能做到入脑入心。二是有的基层党组织开展党建活动，不能结合实际创新形式和载体，形式单一、深度不够，不能有效的发挥党员主体作用，缺乏吸引力和感染力。三是有的基层党组织不能充分发挥组织生活的作用，思想政治工作缺乏说服力，工作安排多、检查督促多，思想交流少、解决实际困难少，组织凝聚力不够强。四是有的基层党组织党内政治生活不规范、不严肃、不认真，总结业务多、查摆思想问题少，相互表扬多、批评和自我批评少，

（五）一些基层党务工作者专业化水平存在不足

党务工作者是加强基层党组织标准化规范化建设的主导力量，是提高基层党组织建设质量的关键所在。近年来，A 机关立足配齐配强，着眼提升党务工作质量，全面加强基层党务工作者队伍建设，为加强基层党组织标准化规范化建设提供了力量保证。但从 实践来看，一些基层党务工作者的专业化水平还存在一定的不足。一是对党务工作的重视程度不够，把党务工作放在次要位置，当成工作负担，缺乏积极主动谋划思考。二是有的支部书记对

党建工作理论和方法掌握不到位，思想政治素质和理论水平与基层党组织标准化规范化建设的要求不完全适应。在个别支部中，支部书记连最基本的发展党员程序、组织生活会程序等都不清楚，导致支部建设质量不高。三是有的党务工作者认为是兼职，缺乏责任心，对党务工作不用心、不关注、不尽力，工作应付了事。比如，在访谈中发现，有的党务工作者对自身兼任的支部委员基本职责不清楚、工作内容不了解，完全是“挂名”，没有做到在其位尽其责。

四、进一步加强A机关基层党组织标准化规范化建设的思考

进一步加强基层党组织标准化规范化建设，要紧紧围绕提升基层党组织组织力，突出政治功能，坚持科学原则指导，紧密结合实际，抓住关键环节，突出管用有效，健全完善制度体系，全面提升基层党组织标准化规范化建设的质量。

（一）坚持科学指导原则

坚持科学指导原则是加强基层党组织标准化规范化建设的基本前提。只有原则科学，才能准确理解和把握基层党组织标准化规范化建设的核心与关键，才能将标准化规范化建设的要求与基层党组织建设的实践有机结合。目前的实践中，由于不能较好的把握科学原则，导致工作主动性不够、针对性不够、系统性不够。因此，在推进基层党组织标准化规范化建设的具体实践中，要注意坚持以下一些原则：

一是科学统筹与分类指导相结合的原则。科学统筹就是要坚持以系统思维从整体上把握基层党组织标准化规范化建设的体系要求、工作机制和程序步骤，准确把握基层党组织的内部结构、功能职责、外部环境等之间的关系，科学分析基层党组织标准化规范化建设各项指标的内涵和外延，确保指标的有效性和代表性。在实践中，要充分结合机关特点，坚持政治要求过硬、思想基础扎实、组织体系严密、作风建设有力的要求，合理设置支部

标准化规范化建设科学标准，凸显“党校姓党”的根本政治原则。分类指导，就是要立足于基层党组织建设的实际情况，分层次、分类别、有针对性地提出基层党组织建设的标准体系。经常对基层党组织的实际情况进行分析研判，及时跟进把握关于基层党组织标准规范化建设的最新政策要求，加强分类指导，在保持总体稳定的基础上对标准体系进行及时的调整、改进和完善。在实践中，要充分考虑到A机关不同类型岗位党支部的特点，针对教研部门党支部、行政管理部门党支部、后勤服务部门党支部、离退休党支部、学员党支部等各自特点，分设相应标准化规范化建设的指标体系。

二是坚持客观规范与可行实用相结合的原则。客观规范就是要以党中央的路线、方针、政策为指导，以党章、党规、党纪等党内法规为依据，以坚定理想信念、强化党性原则、培养优良作风、严肃党的纪律等为基础，构建基层党组织标准化规范化体系。在实践中，要着力吃透相关政策要求，坚持原则性和灵活性有机结合，充分结合A机关各类党组织的特点，制定既内容规范，又符合实际的标准化规范化体系。可行实用就是要坚持立足实际、科学合理、简便易行、务实管用，设置基层党组织标准化规范化运行的主体、流程、指标、考评、应用等标准要素，着力提高针对性和执行力，以确保标准化指标具有良好的执行效果。在实践中，要充分考虑党校教学科研中心工作的特点和各类党支部的特点，围绕党建和业务深度融合，突出实操性、实效性，构建标准化规范化建设的程序。

三是坚持典型示范与制度创新相结合。典型示范就是通过先行先试，培养和树立典型，充分典型的发挥示范带动作用，为基层党组织标准化规范化建设的深入推进提供实践标杆和学习样板。在实践中，要紧密结合A机关工作实际，突出理论教育和干部培训主阵地、主渠道、大熔炉的特色，打造独特色党建品牌。制度创新就是坚持以制度建设为主线，在典型示范的基础上不断深化总结规律，并将其上升为规章制度，以为基层党组织标准化规范化建设提供稳定的、长远的制度支撑。在实践中，要努力形成A机关特有的党员理论学习教育长效机制、党课常态化机制、党的理论宣传机制等。

四是坚持自我提升与考核监督相结合的原则。自我提升就是基层党组织要以对自身建设状况、社会条件、党群关系等科学认知为基础，以标准化规范化建设为抓手，不断提升自身的领导力和组织力。在实践中，要坚持常态化分析A机关基层党组织标准化规范化建设成效，持续查找问题，长效整改提升，实现基层党组织建设质量提升。考核监督就是要构建立体化的监督体系，通过考评、反馈、应用等形式，监督标准化规范化建设的落实情况，明确责任分工，推进标准化规范化建设的有序开展。

（二）进一步加强基层党组织标准化规范化建设的对策建议

加强基层党组织标准化规范化建设是一项系统工程，要以科学规范的体系建设为引领，以落实党建工作责任制为抓手，以推进党建和业务工作深度融合为中心，以严格组织生活为重点，以建设高素质党务工作者队伍为关键，全面用力、齐抓共建，着力提高基层党组织标准化规范化建设的质量。

1. 以科学规范的体系建设为引领

基层党组织标准化规范化建设不仅仅是一项具体的党建职责与业务工作的简单梳理和落实，而关系到党建工作各要素之间的协调配合、各部门之间的联动合作、相关资源的调配整合的系统工程。在目前的实践中，由于体系建设部到位，导致基层党组织标准化规范化建设导向不明确、考核评估不科学等问题，因此，需要建立健全一套导向正确、结构合理、内容全面、保障有力的标准化规范化体系。

一是明确基层党组织标准化规范化建设的目标体系。以党章为根本遵循，以《中国共产党党和国家机关基层组织工作条例》《中国共产党支部工作条例（试行）》等为依据，以提升组织力为重点，以建设让党中央放心、让人民群众满意的模范机关，促进本单位各项工作任务的完成为总的目标要求，紧密结合实际，科学确立机关党委、党总支和党支部标准化规范化建设的目标。机关党委要强化政治核心作用，以政治建设为统领，聚焦主责主业，服务中心工作，科学统筹，推动党建工作与中心工作深度融合。党总支要强化政治责任意识，发挥上传下达作用，贯彻执行好A机关和机关党委各项工作部署，加强对党支部建设的科学指导。党支部要强化政治功能，规范组织生活，加强对党员的教育管理监督，充分发挥战斗堡垒作用。党员要强化政治意识，加强理论学习，立足本职岗位，创先争优，发挥先锋模范作用。

二是健全完善基层党组织标准化规范化建设的组织生活体系。要以《党章》《关于新形势下党内政治生活的若干准则》等党内法规为依据，对基层党组织的组织生活从主体、内容、标准、纪律和保障等方面制定明确的制度要求，科学界定基层党组织、党员干部在组织生活中可为、不可为，当为、不当为，应为、不应为的边界和范围。要完善基层党组织的组织生活程序，细化运行流程和操作规则，对基层党组织的组织生活的时间、频次、内容、档案等提出明确的量化标准，推动基层党组织的组织生活精细化和精准化。

三是健全完善基层党组织标准化规范化建设的教育管理体系。要以《中国共产党党员教育管理工作条例》为指导，坚持分类原则，着力提高党员教育管理的针对性和有效性。要完善党员常态化教育培训机制，坚持日常政治学习和集中轮训培训相结合，针对不同类型和层次党员的特点，科学设置学习教育内容，创新学习教育方式方法，注重开发教育与生产劳动、社会实践相结合，集体教育与个人教育相结合的标准化模式，细化党性教育的时间、目标、任务、要求、重点、难点、考评等课程内容，梳理实践教学的主题、管理、方式、技 能、效果等课程流程，着力提高党员教育管理的质量。要完善党员管理监督体系，着力在发展党员、党员组织关系转移接收、党费收缴使用管理、党内监督、党员设岗定责、党员档案管理、党支部处分党员、党支部处置不合格党员、党员权利保障、党员激励关怀帮扶等相关工作中明确规范，确立每个项目的主体、客体、内容、程序、任务、职责、机制、保障、关系等工作要求，按照既定方案稳定有序地推进组织标准化规范化建设。

四是健全完善基层党组织标准化规范化建设的责任体系。按照A机关单位党委、机关党委、党总支、党支部等四个层级，组织和个人两种类型，A机关主要负责人、分管领导、机关党委书记、党总支书记、党支部书记等五个岗位，从责任主体、责任内容、具体要求、履责方式等方面，构建基层党组织标准化规范化建设的责任体系，真正做到责任明确、细化到人、量化到岗。

五是健全完善基层党组织标准化规范化建设的考核体系。要健全完善基层党组织标准化规范化建设考核评价机制，明确考核主体，细化考核指标，量化考核权重，规范考核程序，严格考核要求。要抓好“书记抓、抓书记”的考评体系，坚持日常考评与年度考评相结合、自我评价与组织考评相对照、业务考评和党建考评相衔接的原则，健全党建责任体系，细化责任链条，建立各级党组织书记抓基层党组织标准化规范化建设的责任清单，规范开展督查考评。要建立健全“围绕中心抓党建、抓好党建促业务”的考评体系，引导基层党组织书记始终坚持党建与业务同谋划、同部署、同落实、同检查，确保各项举措在部署上相互配合、在实施中相互促进，推动基层党组织标准化规范化建设质量全面提升。

2. 以落实机关党建工作责任制为抓手

习近平总书记指出:“加强和改进中央和国家机关党的建设，必须牵住责任制这个‘牛鼻子’。现在，有的部门党建工作沙滩流水不到头，主要是责任没落实到位、搞‘高空作业’”。[①]加强基层党组织标准化规范化建设，必须牢牢牵住党建工作责任制这个“牛鼻子”，形成在基层党组织中落实全面从严治党的制度规定和有效防范，形成层层传导压力、确保工作取得实效的良好机制。

一是切实落实领导责任。要坚持围绕中心工作、建设高素质队伍、服务职工群众，聚焦新疆工作总目标，把握A机关工作性质和特点，完善党建工作任务和形势研判分析机制，提高年度党建工作要点制定的科学化水平。要围绕年度党建工作要点的目标任务，推进机关党委、党总支和党支部制定细化落实方案，明晰具体工作内容，完善考核评价细则。要围绕重点任务、重点制度、重要活动的开展情况，定期进行专项督导检查，进行实地查看，随机抽查，确保工作落实到位。要结合实际，立足A机关特点，开展基层党建品牌创建工作，形成特点鲜明、措施管用、作用明显、群众认可的基层党建品牌。

二是按照精准分类落实指导督导责任。要根据各党支部的实际情况，选取一定比例的党支部实行党建工作个性化清单，推行分管领导、党总支书记和支部书记抓基层党建工作责任个性化项目清单，提高基层党建工作责任制

① 习近平.在中央和国家机关党的建设工作会议上的讲话［J］.求是，2019（21）.

落实的精准化水平。完善党建联系点制度，A 机关的党委班子成员、机关党委委员等要按照党建联系点制度的要求，切实加强对所联系党支部工作的指导和督促，尽职履责，充分发挥作用。要加强分类指导，根据不同类型的党总支和党支部的岗位实际、工作特点、队伍状况等，在坚持基本任务一致的前提下，对其党建工作目标任务和考核评价进行一定程度的区分，突出针对性和可操作性。

三是强化责任考核，抓好整改。要按照突出政治标准、强化科学精准、立足考准考实、树立正确导向的要求，着力改进考核方式方法，努力实现考核指标分类、考核主体多元、考核过程动态、考核结果精准。要科学运用考核结果，把党建工作考核结果与基层党组织班子年度考核、干部选拔任用、职称评定晋级、评优评先等挂钩，增强党建工作考核的赋分比例。要强化问题整改，对考核中发现的问题，要根据实际情况，对分管领导、党建联系点领导、党总支、党支部等明确责任主体，制定切实可行的整改方案，限期整改。

3. 以推进党建和业务工作深度融合为中心

习近平总书记强调："解决'两张皮'问题，关键是找准结合点，推动机关党建和业务工作相互促进。"[①] 加强基层党组织标准化规范化建设，要以推进党建和业务工作深度融合为中心，统筹协调，相互促进，真正实现以党建引领业务、以业务促进党建。

一是紧紧围绕中心工作，实现目标深度融合。坚持以正确政治方向为引领，以坚定"四个自信"、增强"四个意识"、做到"两个维护"为思想基础，以建设让党放心、让群众满意的模范机关为目标，遵循"围绕中心抓党建、抓好党建促中心"的原则，根据 A 机关教学科研工作和干部培训工作的各项要求，一体统筹部署党建和业务工作，明确各项工作任务内容，制定科学工作计划，抓好工作措施落实，以高质量的党建推动业务工作高质量发展，以业务工作的成效建议党建工作质量。

二是坚持正确衡量标准，科学评价融合效果。习近平总书记指出："只有

---

① 习近平 . 在中央和国家机关党的建设工作会议上的讲话［J］. 求是，2019（21）.

围绕中心、建设队伍、服务群众，推动党建和业务深度融合，机关党建工作才能找准定位。"[①] 推进党建和业务工作深度融合，必须做到围绕中心不偏移、建设队伍有质量、服务群众有实效的总体衡量标准，坚持正确导向，科学评价融合效果。围绕中心不偏移，就是要把贯彻落实党中央的重大决策部署和新时代党的治疆方略作为中心任务，重点评价衡量学习理解是否到位、举措办法是否可行、工作成绩是否有效。建设队伍有质量，就是看围绕建设高素质专业化干部队伍和发挥基层党组织战斗堡垒作用的要求，是否从全局着眼、从实处着手，采取有力举措加强党员干部教育管理监督，解决基层党组织建设存在的突出问题。服务群众有实效，就是坚持以人民为中心的思想，转变作风，坚决克服形式主义和官僚主义，把群众是否满意作为衡量党建工作质量和业务工作成效的根本依据。

三是坚持多维思考、实现无缝融合。要加强政治建设，使党员干部在思想上政治上行动上自觉同党中央保持高度一致，把做到"两个坚决维护"体现在具体工作行动上，体现在尽职履责推动本职工作取得新成效上。要加强理论学习教育培训，坚持学以致用，使党员干部把研究解决问题作为学习的目的，把理论学习成果转化为推动事业发展的思路、办法和举措，真正做到学用结合。要持之以恒正风肃纪，把作风建设和纪律建设成效，转化为党员干部严守纪律规矩、正确行使权力、密切联系群众、自觉发挥作用的实际行动，为推动中心工作健康发展保驾护航。

4. 以严格组织生活为重点

习近平总书记强调："党的组织生活是党内政治生活的重要内容和载体，是党组织对党员进行教育管理监督的重要形式。一个班子强不强、有没有战斗力，同有没有严肃认真的组织生活密切相关。"[②] 加强基层党组织标准化规范化建设，必须以严格组织生活为重点，着力提高基层党组织的组织力、战斗力和凝聚力。

一是规范组织生活内容。要以学习马克思主义理论特别是习近平新时代

① 习近平．在中央和国家机关党的建设工作会议上的讲话［J］．求是 .2019（21）．

② 习近平．严肃党内政治生活［A］习近平谈治国理政（第二卷）［C］．北京：外文出版社，2017：182.

中国特色社会主义思想为核心内容，加强对党员的思想理论教育，着力提高马克思主义理论水平。要以学习传达中央和自治区党委相关会议、文件精神为重点，深化学习理解，紧密结合实际，做到完整准确贯彻。要以通报A机关工作安排、研究本部门重点工作为抓手，坚持民主集中制，进行深入讨论，广泛征求意见。要以具体党务工作为基础，规范党员发展、组织生活会、民主评议党员、谈心谈话等党务工作程序，加强党员教育管理监督，严肃纪律规矩，及时发现问题，有效化解矛盾。

二是规范组织生活形式和纪律。要根据组织生活党课辅导、政策宣讲、观看红色演出、参观红色展馆、进行志愿服务等不同的主题，选择与之相适应的活动场所。要严格组织生活程序，支委会在组织生活开展之前，要进行专题研究，制定科学方案，明确流程，确保责任到人，合理安排时间。要根据不同组织生活的目的和内容，有针对性地选择组织生活形式，丰富组织生活载体，提高组织生活的有效性，努力做到加强教育、锤炼党性、解决问题、发挥作用。要严格考勤，对无故不参加组织生活者要及时处理；严格活动程序和纪律，不断提高组织生活的规范化水平；严格督促指导，上级党组织要加强对基层党组织组织生活质量和效果的督促检查，及时发现问题，提出整改意见和措施。

三是规范组织生活机制。要坚持民主集中制，尊重党员主体地位，发挥党员主体作用，完善党员参与决策机制，激发党员的积极性、主动性和创造性。要围绕学习贯彻中央和上级党组织的有关精神，以“三会一课”和主题党日为抓手，完善党内工作通报机制，确保各项决策能落实到位。要以党史学习教育“我为群众办实事”活动为载体，完善党员干部联系服务群众机制，认真听取群众意见建议，及时回应解决，把组织生活成效转化为服务群众的具体举措。

5. 以建设高素质党务干部队伍为关键

习近平总书记指出：“做好新时代机关党建工作，离不开一支高素质专业化的党务干部队伍。要注重选拔政治强、业务精、作风好的干部从事机关党建工作，推进党务干部和业务干部的交流，使党务工作成为既成就事业又成就人才的工作。”[①] 建设一支高素质党务干部队伍，是不断提高基层党组织建设质量，加强基层党组织标准规范化建设的关键，是新时代开创机关党建工作新局面的必然要求。

一是严格按照相关制度规定配齐配强党务干部。《中国共产党党和国家机关基层组织工作条例》规定：“机关专职党务工作人员的配备，一般占机关工作人员总数的1%至2%。”因此，要确保党务干部数量足，严格按照相关规定比例配备党务干部，保证有足够的专门力量负责机关党建工作；要确保党务干部质量高，严格按照政治强、业务精、作风好的标准选用党务干部，突出信念坚定、甘于奉献、本领高强、品行过硬的要求配备基层党组织书记；要优化党务干部结构，坚持人岗相适、以事择人的原则，综合考虑党务干部队伍的年龄结构、工作能力、党务工作经历、后备队伍建设等因素，合理配备一支专兼职党务干部队伍。

二是加强对党务干部队伍的教育培训。围绕“把党务干部培养成为政治上的明白人、党建工作的内行人、干部职工的贴心人”的要求，全面加强党务干部培训教育。要以理论培训为基础，进一步深化对习近平新时代中国特色社会主义思想的学习培训、深化对全面从严治党理论的学习培训、深化对基本党建理论知识的培训。要以专业能力提升训练为重点，不断加强对党务工作程序规范的学习培训，开展常态化的党务工作经验交流，定期组织基层党建工作示范观摩。要以实践锻炼为抓手，创新形势，丰富载体，通过实地参观考察、挂职锻炼、岗位交流等途径和方式，帮助党务干部提升分析和解决复杂问题的能力，增强学习的主动性和自觉性。

三要完善党务干部队伍考核制度。要按照科学合理、全面客观、公平公正原则，完善党务干部队伍考核。突出日常考核、常态化考核和定期考核，形成综合考核评价党务干部队伍的体系和方式。要细化党务干部考核标准，把定性和定量相结合，努力做到既能总体反映党建工作情况，又能具体体现工作成果，对专职、兼职党务干部力争进行分类考核，加大兼职党务干部年终考核中党务工作考核的权重。要科学运用考核的结果，把党务工作考核结

① 习近平．在中央和国家机关党的建设工作会议上的讲话［J］．求是，2019（21）．

果，作为干部选拔使用的重要依据，对表现突出、业绩优良的党务干部，在同等条件下优先任用，对考核不过关的党务干部，要及时予以相应的组织处理。

（本文系2020年校级课题自治区党校（行政学院）校级课题成果）

十八大以来新疆党员干部思想动态调查研究

【摘要】本课题以问卷调查为主要研究方式，辅以个别访谈、资料收集等，以新疆党员干部学习贯彻党的十八大、十八届三中全会精神为主题，围绕新疆党员干部学习党的方针政策的主要方式和关注热点、对新疆发展问题的关注和认识、坚持群众路线，继承和发扬党的优良传统、关于党的纯洁性建设成效、党的建设最关注的问题、党员干部形象素质问题、党员干部廉洁自律、提高领导干部运用法治思维和法治方式能力、党员干部基本价值观、改进思想政治教育工作等问题，对新疆党员干部思想状况进行了调研分析，掌握各族党员干部的思想状况。通过调查了解掌握原始材料，并加以科学的定性、定量分析，从而进一步积极探索建立健全加强党员干部思想政治建设的长效机制，努力做好新形势下党员干部的思想政治工作，不断提高党员干部的政治素质、理论素养、道德修养，巩固和发展保持共产党员先进性教育和创先争优活动取得的成果，切实增强各级党组织的凝聚力和战斗力，努力实现党建工作的规范化、制度化管理，为新疆的社会稳定和长治久安提供坚实的政治保障

党的十八大以来，为了更好地掌握新疆各级党员干部关于党的路线方针政策的学习情况，有针对性地加强党员干部教育，提高党员干部学习教育的实效，课题组围绕新疆各级党员干部学习党的十八大和十八届三中全会精神

的情况进行了调研。调研主要采用了问卷调查的方式，对象是新疆党员干部队伍，在受访的对象中，男性比例为86.0%，年龄结构上41–50岁和51–60岁的被访者人数占被访者比例均为40.8%，比例最大；政治面貌上，共产党员占92.4%，所占比例最大，群众占5.4%，民主党派被访者占2.0%；职级构成上，地厅级领导干部占被访者的55.0%，县处级领导干部占26.5%；乡科级领导干部99人，占全部被访者的16.8%；文化程度上，本科占51.2%，研究生占30.9%，大专文化程度占16.8%，高中文化占1.1%。通过对问卷深入科学的分析研究，我们形成该调研报告。

一、新疆党员干部学习党的方针政策的主要方式和关注热点

党的十八大和十八届三中全会召开后，新疆各级党员干部通过多种渠道和方式，及时认真的学习会议精神，努力将学习体会融入自身工作，取得了比较明显的成效。通过调研可以看到，学习了解会议精神的方式是多样化的，31.7%的受访者主要通过电视学习了解，24.6%的受访者通过报刊杂志学习了解，19.6%的受访者通过网络学习了解，19.4%和4.7%的受访者分别通过党内文件和单位培训学习了解。这说明绝大部分党员干部充分利用各种途径方式，学习了解党的方针政策。而在对党的十八大和十八届三中全会精神的关注热点上也反映出新疆党员干部能够及时跟踪掌握党的路线方针政策的最新变化调整。调查反映出，十八大召开后，新疆党员干部最关注的会议内容，20.6%的人次选择了“中国特色社会主义”，17.1%人次选择了“政治体制改革”，17.1%人次选择了“生态文明建设”，16.5%人次选择了“全面建成小康社会奋斗目标”，13.1%人次选择了“社会管理创新”；党的十八届三中全会召开后，“使市场在资源配置中起决定性作用”、“设立国家安全委员会”、“让发展成果更多更公平惠及全体人民”、“推进国家治理体系和治理能力现代化”等四个问题，新疆党员干部关注最多，排名前四。同时，他们认为党的十八届三中全会制定了未来我国全面深化改革的线路图，实现了改革理论和政策的一系列重大创新和突破，这些重大改革举措为实现中国梦增

添了新活力。这些关注热点表明，新疆各级党员干部既从宏观上关注党所领导的改革目标，关注中国前进方向和道路选择这个根本性的问题，也从微观上结合新疆工作的实际关注改革的具体推进和策略问题；更说明新疆党员干部对我们改革的目标和中国特色社会主义道路的高度认同。

但是，新疆党员干部对方针政策的学习了解也存在一些问题，一是学习的方式和渠道上过多地依赖电视媒体的解读，党内文件的学习和单位培训所占比例较小，这导致部分干部把学习党的方针政策作为业余生活的一部分，学习的深度不够。二是对一些重要的理论体系掌握程度上有所欠缺，调查显示，59.9% 的被访者对“中国特色社会主义”仅仅是“了解一些”；27.0% 的被访者对“社会主义核心价值体系强调要树立中国特色社会主义共同理想”持有“比较认可”和“不太认可”的态度。这些问题的存在，使得对党的方针政策的学习难以深入，不能深刻理解和掌握相关方针政策的精神实质，更难以结合实际去贯彻落实。

二、新疆党员干部对新疆发展问题的关注和认识

干部队伍建设关系到中央和自治区决策部署的贯彻落实，是推动新疆科学发展，实现长治久安的关键因素之一。新疆干部队伍对科学发展和新疆发展目标实现的关注和理解是加强新疆干部队伍建设的基础。

从总体上看，新疆党员干部对新疆的发展前景充满信心，调查显示，绝大多数党员干部认为，新疆在 2020 年会全面建成小康社会，占被访者的 87.0%，仅有 13% 的被访者“信心不足”或“没信心”。这说明，广大党员干部对中央和自治区关于新疆发展的战略部署和目标是高度认同的，对中国共产党治理新疆的能力是充满信心的。同时，他们对新疆在发展过程中面临的困难和挑战也有清醒的认识。

一是新疆近年来在深入贯彻落实科学发展观，不断推动经济社会的稳步发展方面取得了巨大成就，但是，仍然面临一些深层次的问题亟待解决。通过调查，可以看到在贯彻落实科学发展观过程中，存在的主要问题有：第一，部分党员、干部素质能力不强，应该说一些干部由于政治理论素养不

足，基本理论知识不清，对于科学发展观的内涵和实质的学习与理解不深入，不能深刻把握其精髓，难以在实际工作中将理论指导与新疆实际相联系，导致科学发展效果不明显。第二，影响和制约科学发展的体制机制问题比较突出，比如干部的考核评价机制不全面，不能完全发挥对干部工作的导向作用；决策机制的科学性和民主性不够，容易出现“长官意志”决策，违背发展的规律等。第三，一些干部的政绩观存在偏差，工作不是为了干事，而是为了升职当官，因此，在工作中不注重长远，不倾听人民群众的呼声，而关注短期效益，漠视群众利益。

二是新疆要实现2020年全面建成小康社会的目标，还面临诸多困难。第一，新疆底子薄，南北疆发展不平衡，严重影响新疆的整体发展。由于地理和历史的原因，南北疆发展不平衡问题极为突出，新疆要实现全面建成小康社会目标，必须从战略高度着手规划解决南疆发展问题。中央第二次新疆工作座谈会对此已作出了整体部署。二是市场经济体制不完善，行政审批改革不到位。新疆的市场经济发展总体水平比较低，市场活力和社会活力不足，导致整体经济竞争力欠缺。三是党的建设亟待加强。新疆部分党员干部素质不高，作风漂浮，部分基层党组织尤其是南疆部分农村基层党组织软弱涣散，战斗力不强，导致党的领导作用被削弱。

因此，要推动新疆发展，维护社会稳定，实现长治久安的总目标，必须从多方面着手，在调查中，党员干部针对这个问题提出了相应的建议和措施。第一，在发展理念上，要注重结合新疆实际，坚持求真务实，科学发展。新疆发展现状的形成有其历史和现实的原因，要实现长治久安，就必须走出一条具有新疆特色的发展道路，注重保护环境，促进民族团结，维护社会稳定，严厉打击“三股势力”。第二，在发展战略上，要立足新疆的资源优势，充分发挥各级领导干部和广大人民群众的主观能动性，并要注重借助国家和兄弟省市的大力支持，努力将新疆的发展推向一个新的高度。第三，在发展目的上，要注重改善民生，完善社会保障机制。新疆发展是为了提高和改善各族人民群众的生活水平，第一次中央新疆工作座谈会以来，自治区党委连续四年提出“民生建设年”，就是要使发展成果由人民群众共享，在全面建成小康社会过程中，仍然要坚持这个发展目的，通过改善民生，争取民心，夯实新疆长治久安的社会基础。

三、坚持群众路线，继承和发扬党的优良传统

党的十八大报告明确提出要在全党开展以“为民、务实、清廉”为主题的群众路线教育实践活动。习近平总书记明确指出“开展党的群众路线教育实践活动，是实现党的十八大确定的奋斗目标的必然要求，是保持党的先进性和纯洁性、巩固党的执政基础和执政地位的必然要求，是解决群众反映强烈的突出问题的必然要求。”群众路线作为我们党的生命线和根本工作路线，践行的好与差，群众工作能力的强与弱，关系到人心向背，关系到党的执政地位巩固与否。因此，新疆广大党员干部能否深刻理解群众路线的内涵，能否找准做好群众工作的着力点，能否继承和发扬党的优良传统与作风，对新疆社会稳定和长治久安至关重要。

从总体上来说，新疆党员干部对群众路线的基本内容和要求比较清楚，在被访者中，有 75.0% 的人了解党的群众路线，这说明绝大部分党员干部在理论学习和日常工作比较注重对群众路线的学习与践行，能深刻理解中国共产党与群众的血肉联系。但是，调查也显示有 24.5% 的被访者对群众路线只“了解一点”或“不了解”。与之密切相关的，是关于党的优良传统的继承和发扬，在调查中，当前党的优良传统继承和发扬情况，受访者中有 47.1% 人认为“较好”，37.8% 的人认为“一般”，仅有 10.5% 的人认为“很好”。这值得引起高度重视，说明还是有少部分党员干部在日常工作学习中，忽视群众路线的践行，对党的优良传统继承和发扬不够，在工作中，缺乏正确的群众观念，不能真正服务于民。因此，在党员干部的教育培训中，要加强有关群众路线的学习，引导广大党员干部树立正确的群众观，强化宗旨意识，明确党员干部的工作职责和历史使命，在全面深化改革的关键时期，要不断继承和发扬党的优良作风和传统，保持奋发向上的昂扬精神状态，团结带领群众，为新疆的长治久安凝心聚力。

当前，党内存在的“四风”问题，其实质就是脱离群众，宗旨意识不强，没有在新的历史条件下继承和发扬党的优良传统与作风。这些问题的存

在，严重损害了群众利益，严重破坏了党群干群关系，严重侵蚀了党执政的群众基础。开展群众路线教育实践活动，最终目的是要坚决纠正党员干部队伍中存在的“四风”现象，彻底消除不良作风，继承和发扬党的优良传统与作风。新疆党员干部对此也有清醒的认识。在接受关于“需要进一步加强党的优良传统和作风”的调查时，35.9% 的被访者认为要进一步“密切联系群众”，18.1% 的被访者认为要进一步发扬“艰苦奋斗”作风，15.3% 的被访者认为要“增强宗旨意识，服务人民”。在党的优良传统与作风中，群众路线是根本，习近平总书记指出，群众路线是党的生命线和根本工作路线。中国共产党人的领导革命、建设和改革的历史进程中，创造性地将马克思主义的“人民群众是社会实践的主体，是历史的创造者”的群众观融入中国革命和建设实践，并批判地继承了中国传统文化中的民本思想，形成了独具中国特色的群众观点和群众路线。中国共产党正是依靠坚持群众路线，全心全意为人民服务，同人民群众形成心连心、同呼吸、共命运的血肉联系。群众路线是中国共产党的世界观、价值观和方法论的集中体现。毛泽东说：“人民，只有人民，才是创造世界历史的动力”。群众是真正的英雄，是历史的创造者。中国共产党以全心全意为人民服务为根本宗旨，坚持权为民所用、情为民所系、利为民所谋，以实现、维护和发展最广大人民的根本利益为一切工作的出发点与落脚点，以立党为公、执政为民为庄严的价值承诺。群众路线主要解决领导和群众的关系、我们党的一切认识和实践活动的价值取向、依靠力量问题。

通过群众路线教育，继承和发扬党的优良传统与作风，坚持向群众学习，充分相信群众，教育引导群众，放手发动群众，真心服务群众，不断提高新疆广大党员干部不断提高新形势下的群众工作能力，切实回应群众诉求，解决群众反映强烈的热点难点问题，有效实现和维护群众利益。在接受做好“新形势下做好新疆群众工作的着力点”的调查时，25.4% 的被访者认为要“深入实际、深入基层、深入群众，增进对群众的感情”，15.4% 的被访者认为要“加强民主政治建设和法制建设，从制度上消除和化解人民内部矛盾”，14.2% 的被访者认为要“坚持党的群众路线，切实转变思想作风”，13.8% 的被访者认为要“坚持勤政廉政，努力转变工作作风”，12.4% 的被访者认为要“加强民族团结，促进共同发展”，12.3%的被访者认为要“提高党员干部的群众工作能力”。根据调查结果，着力做好新形势下新疆群众工作，重点要抓好以下几个方面：第一，要构建党员领导干部深入实际、深入基层、深入群众的长效机制，通过长效机制建设，引导广大党员领导干部弯下身子，从机关走进基层，走近群众，与群众交朋友，结对子，真心倾听群众呼声，了解实际情况，增进对群众的感情，为密切联系群众打下坚实的基础。第二，切实加强民主与法治建设，推动民主决策、科学决策，提高法治能力，为消除和化解人民内部矛盾提供制度保障。新疆的社会稳定和长治久安总目标的实现，需要全疆两千多万各族人民共同参与，因此，必须构架民主参与渠道，完善法治，以民主和法治为支撑，解决好新疆发展中的人民内部矛盾。第三，坚持勤政廉政，努力转变工作作风。广大党员干部要树立正确的权力观，廉洁从政，切实转变工作作风，确保手中的权力真正服务于民，用自身的勤奋工作和模范作用，去赢得群众的支持和认可，夯实党执政的群众基础和社会基础。第四，重视思想政治工作，正确把握和有效引导、调节公众心理，促进社会和谐。党员干部尤其是基层党员干部要高度重视思想政治工作，深刻把握对新形势下新疆广大群众思想变化，创新思想政治工作载体，增强宣传教育的针对性和有效性，发挥正面舆论导向作用，教育引导人民群众正确认识新疆发展的历史与现状，正确认识民族宗教问题，正确认识社会稳定形势，增强信心，把人民群众凝聚到加强民族团结、促进共同发展上来，凝聚到为新疆社会稳定和长治久安贡献力量上来。

四、关于党的纯洁性建设成效

胡锦涛同志在党的十七届中纪委七次全会上的重要讲话中明确要求，加强党的纯洁性建设必须“坚持党要管党、从严治党”。《中国共产党第十七届中央纪律检查委员会第七次全体会议公报》指出，要坚持强化思想理论武装和严格队伍管理相结合、发扬党的优良作风和加强党性修养与党性锻炼相结合、坚决惩治腐败和有效预防腐败相结合、发挥监督作用和严肃党的纪律相结合，不断增强自我净化、自我完善、自我革新、自我提高能力，始终坚持党的性质和宗旨，永葆共产党人政治本色。”作为党员领导干部，应该带头保持党的纯洁性。党的十八大更是明确提出全面提高党的建设科学化水平必须“牢牢把握加强党的执政能力建设、先进性和纯洁性建设这条主线”。

新疆近年来结合新疆实际，不断加强党的纯洁性建设，取得了一定成效。调查中有 30.0% 的被访者认为党的纯洁性建设“很有成效”，但是，仍然有 68.5% 的被访者认为“成效一般”。这说明一定程度上，新疆各级党组织在加强党的纯洁性建设上还存在很多问题，部分党员干部不能带头保持党的纯洁性，严重损害了党的形象。一是部分党员入党动机不纯，共产主义理想信念不坚定，在平时的工作和生活中不能起到模范带头作用。党员队伍中存在的这些现象，严重背离了党的宗旨和性质，损害了党在群众中的形象和威信，影响了群众对党的信心，不利于增强党的权威。因为共产党的作用发挥，不仅取决于党员的数量多少，更重要的是取决于党员的质量，取决于党员坚定的共产主义理想信念和对党的事业的无限忠诚。二是一些党组织贯彻民主集中制不力，党内政治生活随意和散漫。中国共产党之所以能成为坚强有力的政党，除了众所周知的原因外，还取决于坚持以民主集中制为根本组织制度，确保党内政治生活的严肃性。近年来，一些基层党组织贯彻民主集中制不力，不能有力的执行上级党组织的决策，党内政治生活出现了严重的随意性、散漫性。这主要是因为党内制度建设在一定程度上缺乏可操作性和不得不操作的强制性，使许多制度变成了一纸空文，进而使人民群众对党的制度的可靠性产生了疑惑。这不仅严重影响了党的组织制度的贯彻执行，也使党组织在人民群众心中的形象发生了畸变。三是个别领导干部身上党的优良作风和传统流失严重。中国共产党在革命、建设和改革过程中，形成了很多的优良作风和传统，正是凭借这些优良作风和传统，党才赢得了中国人民的衷心拥护和支持、信任，保证了党领导的事业不断取得新的胜利。当前，由于党的地位和所处的环境发生了巨大的变化，一些党员领导干部身上党的优良作风和传统流失严重。在《人民论坛》进行的“党的优良传统流失状况调查”中，受调查者认为流失最严重的主要是“密切联系群众”“艰苦奋斗”和“为人民服务”，同时，

53.9% 的受调查者认为“党的优良传统流失状况”令人担忧。[①]这个调查反映了当前党的优良作风和传统的流失状况以及人民群众的关注程度，如果不能很好地传承和发扬党的优良作风和传统，党的形象将会受到严重损害，党的纯洁性也将受到损害。四是一些领域腐败现象易发多发，严重损害了人民群众的利益。当前，我国正处于从传统向现代转型的关键时期，也是腐败的高发期。“在这急遽变革的历史时期，党员队伍中的一部分意志薄弱者落伍了，他们过不了权力关，金钱关，极少数甚至已经堕落成为腐败分子，这部分人数量虽少，但败坏党风，损害党的威信。”[②]同样在《人民论坛》进行的“党的优良传统流失状况调查”中，对于“背离党的优良传统的不良作风，哪项最令您反感”这一问题回答中，45.9% 的受调查者选择了“贪污腐败，以权谋私”，排在第一位。[③]这说明腐败问题被人民群众高度关注，如果处理不好，不但会影响经济社会的全面发展和进步，还会严重损坏党的形象和威信，难以赢得民心。

进一步加强党的纯洁性建设，是全面提高党的建设科学化水平的重点任务，是密切新疆党员干部与各族人民群众联系的重要抓手。在接受关于“党的纯洁性建设重点内容”调查时，28.4% 的受访者认为要“严格管理党员干部队伍”，26.9% 的受访者认为要“坚决清除腐败毒瘤”，20.3% 的受访者认为要“加强党内民主监督”，13.5% 的受访者认为要“加强思想政治理论武装”，10.9% 的受访者认为要“继承和发扬党的优良作风”。因此，要抓住党的纯洁性建设的关键，全面提高和保持党的纯洁性。第一，严格管理党员干部队伍。党员是党的细胞，党的力量来源于党员，尤其是优秀的、能发挥模范带头作用的党员。所以，要坚持质量建党、质量兴党原则，严格按照“控制总量、优化结构、提高质量、发挥作用”的要求建设党员队伍。严把党员入口关，大力推行发展党员的公示制、票决制、责任追究制度。加强对党员的教育管理，建立定期的党性分析和思想汇报制度，保持党员队伍的先进性。建立和完善处置不合格党员机制，严格执行党的纪律，及时将不符合党

① 艾芸，杜美丽．党的优良传统流失状况调查［J］．人民论坛政论双周刊（总第 329 期），2011（16）.

② 江泽民文选（第一卷）［M］．北京：人民出版社，2006:38.

③ 艾芸，杜美丽．党的优良传统流失状况调查［J］．人民论坛政论双周刊（总第 329 期），2011（16）.

员要求的党员清理出党的队伍，保证党员队伍的纯洁。同时，严格干部管理程序，加强对干部的监督考察，确保领导干部能够发挥带头作用。第二，坚决反对和治理腐败。消极腐败现象和我们党的性质和宗旨水火不容，与广大人民群众的利益和意愿背道而驰，如果腐败得不到有效治理，就会失去人民的信任和支持，就有亡党亡国的危险。所以，要加强反腐倡廉制度建设，形成反腐倡廉的制度体系，严格执行廉洁自律各项规定，为反腐倡廉提供制度保证，从源头上遏制腐败行为的发生。要加强反腐倡廉教育，引导广大党员干部遵纪守法，坚定立场，在任何情况下都稳得住心神、管得住行为、守得住清白，做到一尘不染、一身正气。要加强廉政文化建设，大力宣传清正廉洁、克己奉公、敢于同腐败现象作斗争的党员、干部的模范事迹，弘扬正气，形成清正廉明的社会氛围。第三，完善党内民主监督。党的十八大报告指出，要“保障党员主体地位，健全党员民主权利保障制度，开展批评和自我批评，营造党内民主平等的同志关系、民主讨论的政治氛围、民主监督的制度环境，落实党员知情权、参与权、选举权、监督权。”要健全以民主集中制为基础的党内民主监督制度，充分发挥党员主体作用，教育引导广大党员积极参与党内事务，主动行使监督权利，推动党的纯洁性建设。第四，加强思想理论武装。思想理论是行动的先导，正确的思想理论会引导我们在前进的道路上不断取得新的胜利。所以，要推动党员干部解放思想，加强对党员干部的思想理论教育，用中国特色社会主义理论体系武装他们的头脑，使其对中国特色社会主义理论体系真学真懂真信真用，坚定政治立场在各种诱惑面前经得起考验，提高科学发展的能力。要加强对党员干部的思想道德建设，引导广大党员树立正确的世界观、权力观、事业观，带头弘扬时代精神，模范践行社会主义荣辱观，做社会主义道德的实践者和引领者。要以建设学习型党组织为载体，推动理论创新，使理论与不断发展的具体实践和时代特征相结合，与广大人民群众不断发展的实践经验和历史创造相结合，努力实现理论发展的时代化、大众化。①

---

① 何伟昌.保持党的纯洁性 增强党的权威［J］.兵团党校学报，2012（2）：13.

五、党的建设最关注的问题

随着改革开放的深入和市场经济的发展，中国共产党自身建设也面临着新的问题与挑战，为此，党的十八大报告指出："新形势下，党面临的执政考验、改革开放考验、市场经济考验、外部环境考验是长期的、复杂的、严峻的，精神懈怠危险、能力不足危险、脱离群众危险、消极腐败危险更加尖锐地摆在全党面前。"习近平总书记在十八届三中全会上也指出：当前"形式主义、官僚主义、享乐主义和奢靡之风问题突出，一些领域消极腐败现象易发多发，反腐败斗争形势依然严峻。"各级党员领导干部必须高度重视党的建设，抓住人民群众关切的问题，切实搞好党的建设，提高党的执政能力和执政水平，充分发挥党的领导核心作用。而"做好新疆工作，关键是要发挥党总揽全局、协调各方的领导核心作用，全面加强和改进党的建设，为新疆社会稳定和长治久安提供坚强政治保证"。那么，在新疆，党的建设应该重点抓住哪些问题？

调查显示，新疆党员领导干部对党的建设重点问题关注比较集中，主要分布在以下几个方面：

一是治理腐败问题，有 26.6% 的受访者认为加强党的建设要注重治理腐败。腐败作为社会的毒瘤，与社会主义制度和中国共产党的性质、宗旨不相符合，必须高度重视，有效治理。近年来，新疆进入快速发展时期，社会转型加剧，体制机制不健全的问题开始凸显，个别党员干部利用职务之便，钻制度的空子，滥用权力，以权谋私。仅以 2014 年上半年为例，全疆检察机关共查处贪污贿赂犯罪案件立案 284 件 309 人，其中查处县处级以上干部大要案 24 人（包括地厅级 1 人）。因此，在贯彻落实中央和自治区的决策部署过程中，如何确保各级党员领导干部正确行使权力，防止权力滥用，真正做到发展成果由人民群众共享，成为一个亟待解决的问题。二是党员理想信念教育，有 21.8% 的受访者认为加强党的建设要注重党员理想信念教育。理想信念是中国共产党的精神支柱，坚持马克思主义和共产主义理想信念，是共产党员的精神追求。十八大以来，习近平总书记高度重视加强理想信念教育，他明确指出，理想信念是共产党人的精神之"钙"，必须加强思想政治建设，解决好世界观、人生观、价值观这个“总开关”问题。“坚定理想信念，坚守共产党人精神追求，始终是共产党人安身立命的根本”。新疆的快速发展，带来了多元化的思想观念，对人们的价值观念造成的了一定冲击，同时，在新疆的基层，宗教观念对个别党员领导干部的理想信念产生了负面影响，有人甚至放弃马克思主义和共产主义理想信念。三是继承和发扬党的优良作风，有 11.2% 的被访者认为加强党的建设要注重继承和发扬党的优良作风。优良的作风是党的正确领导得以实现的保障。当前，新疆各级党员干部的作风总体上是好的，但是，仍然存在一些问题。自治区党委书记张春贤（编者注：时任）在第一批群众路线教育实践活动动员大会上讲话是指出，新疆党员干部作风方面存在的问题突出表现为：“政治意识不强，缺乏创新思维，作风漂浮不实，服务意识淡漠”，并强调，这些不良风气的存在，影响了党员干部在人民群众心目中的形象，影响了党群干群关系，给新疆跨越式发展和长治久安进程造成了极大的障碍。四是基层组织的建设和发展，有 9.6% 的被访者认为加强党的建设要注重基层组织的建设和发展。基层党组织是党的全部战斗力所在，新疆高度重视基层党组织建设，不断加大投入，夯实基层组织基础。但是，目前仍然存在一些问题。在农村，尤其是偏远地区的农村，基层党组织发展缓慢甚至停滞，党员队伍老化，出现青黄不接的现象，村支部书记能力素质不高，支部缺乏领导力、凝聚力和战斗力，难以适应新疆新的发展形势需要，与之相对的是宗教势力发展迅速，在群众中的影响力不断增强，这个现象值得高度警惕和重视。在企业和机关党组织，难以找准党务工作和业务工作的结合点，“两张皮”现象还比较突出，党组织的地位和作用难以发挥。同时，党务工作队伍不稳定，年龄老化，素质下降问题开始显现。而党员队伍管理方面，流动党员、退休党员、非公有制组织和新社会组织中的党员存在空白，组织管理教育不能实现全覆盖。

六、党员干部形象素质问题

中央和自治区关于新疆发展的战略部署是一项艰巨的历史任务，这项任务的目标能否实现，关键在党，因此，加强党的建设是新疆维护社会稳定和长治久安的重大课题。重新树立党员干部形象，提高党员干部素质成为新疆各级党组织建设一项十分重要的内容。人民群众对党的认识，最直接的是来自身边的党员、党组织，尤其是身边党员的形象和素质。党员的形象和组织在传媒高度发达的今天，不仅仅是个人问题，而是体现了一级党组织的形象，甚至可能代表党的形象。中国共产党的执政地位，决定了党员在社会生活中具有重要的地位和影响，新疆处在历史发展的关键时刻，广大党员干部一举一动，都会对新疆的发展产生重要影响。

新疆各级党员干部总体上都能够严格遵守党纪，坚定理想信念，勤奋工作，全心全意为人民服务，但是，仍然存在一些问题影响了党员干部在人民群众心目中的形象。一是个别干部的腐败问题带来的负面影响。有 29.6% 的受访者认为“腐败问题带来的负面影响”会破坏党员干部在群众心目中的形象。当前，新疆的个别党员干部确实存在腐败问题，尤其是基层个别干部的腐败，发生在群众身边，群众看得最清楚，感受最深刻。再加之新闻舆论的聚焦，间接的放大了腐败问题，对社会民众在一定程度上产生了误导，这都对党员干部的形象产生了负面影响。二是个别干部宗旨意识淡薄，服务意识欠缺。有 19.6% 的被访者认为“个别党员干部宗旨意识淡薄，服务意识欠缺”会影响党员干部在群众心目中的形象。新疆党员干部宗旨意识淡薄，服务群众不到位的问题主要表现在服务意识不强，不能尽职尽责做工，漠视群众利益，对群众的诉求推三阻四,百般刁难，严重伤害了群众感情，损害了群众利益。三是个别党员干部私心太重，只为自己打算。有 14.6% 的被访者认为“个别党员干部私心太重，只为自己打算”会影响党员干部在群众心目中的形象。个别党员干部利用手中权力，为自己、为亲戚朋友谋取利益和好处，办事凭关系、讲感情，优亲厚友，滥用权力，严重破坏党员干部的形象。四是个别干部理想信念不坚定。有 12.1% 的受访者认为“个别干部理想信念不坚定”会影响党员干部在群众心目中的形象。新疆个别党员干部理想信念不坚定，政治立场不稳，政治敏锐性不强，在大是大非问题上态度暧昧，对民族分裂势力和非法宗教活动不能坚决反对，在群众中造成极为恶劣的影响。

针对党员干部素质形象存在的这些问题，有必要采取针对性的措施，加强对党员干部队伍的建设和管理，提升干部队伍整体素质，转变作风，树立党员干部在人民群众心目中的良好形象。一是强化宗旨观念，树立公仆意识。中国共产党的宗旨是全心全意为人民服务，党的各级领导干部要深刻认识到在执政过程中，必须增强宗旨观念，树立公仆意识。公仆意识是执政条件下党的性质和宗旨的集中体现，是我们党区别于其他政党的显著标志。中国共产党在奋斗历程中能够取得无数辉煌的成就，关键就在于成千上万的共产党员牢记党的宗旨，甘愿为人民的公仆，忠实的代表和维护最广大人民的根本利益，并为之付出努力和牺牲。因此，要以作风建设为切入点，强化新疆各级党员干部的宗旨观念和公仆意识，教育和引导他们在新疆的历史发展进程中服务于各族人民群众。二是加强理想信念教育，树立正确的价值观。坚定的理想信念是共产党人的精神追求，是每位共产党员终身必修课，是党员干部在大是大非面增强政治定力、站稳政治立场的根本保障。必须加强新疆各级党员干部理想信念教育，引导广大党员干部在具体工作中，树立正确的价值观和权力观，用实际行动践行理想信念，把理想信念内化于心、外化于行。三是加强党性修养，严格队伍管理。加强党性修养是我们党的优良传统，是新形势下纯洁党的队伍本质要求，应该各种政治挑战的重要法宝。要加强新疆各级党员干部队伍的党性修养，深入学习贯彻中央关于新疆工作的重大战略部署，以坚持理论和实践相统一，坚持改造客观世界和改造主观世界相统一，坚持强化个人自律和接受纪律约束相统一为基本要求，通过强化理论教育，提高理论素养；勇于创新，敢于啃硬骨头；发扬批评与自我批评的作风；增强纪律意识和自我约束能力；完善党性修养考核评价机制等方式，教育每一名党员从自身做起、从现在做起，不断加强党性修养，努力提高领导水平和执政水平，提高拒腐防变和抵御风险能力，充分发挥党在新疆的事业中的领导核心作用。四是加强党员干部道德建设，树立良好社会形象。党员干部作为社会中的先进分子，其社会道德修养状况如何，直接关系到党的形象，关系到党和国家机关的形象，关系到党的声誉，关系到党和人民群众能否保持血肉联系，最终会直接影响党所领导的中国特色社会主义事业的成败。在新疆，还会影响到民族团结和社会稳定，影响新疆的长治久安。因此，要加强干部道德教育，破除“官本位”和“特权思想”，密切党群干群关系，珍惜手中权力，真心服务群众。要完善党员干部道德建设考核体系，结合工作实际，体现考核的全面性、广泛性和导向性，细化考核指标，增强针对性和可操作性。要教育引导党员干部正确处理好长远理想与工作要求的关系、处理好集体利益与个人利益的关系。

七、党员干部廉洁自律

十八大报告明确提出建设“廉洁政治”，要求做到“干部清正、政府清廉、政治清明。”干部清正是建设廉洁政治的基础，十八届三中全会明确提出要“真正把信念坚定、为民服务、勤政务实、敢于担当、清正廉洁的好干部选拔出来。”清正廉洁是一名合格的、优秀的党员干部基本标准之一。因此，新疆各级党员领导干部要不断增强廉洁自律意识，提高拒腐防变的能力。

近年来，自治区党委高度重视加强领导干部廉洁教育，不断完善惩防体系建设，很大程度上增强的新疆党员干部的廉洁自律意识，取得了较好的成效，但也还存在一些不足。在调查中，19.4% 的被访者认为新疆党员干部廉洁自律意识很强，72.7% 的被访者认为新疆党员干部廉洁自律意识一般，7.9% 的被访者认为新疆党员干部廉洁自律意识较弱。这表明，新疆各级党员干部廉洁教育还需要进一步的改进和加强，干部廉洁自律意识仍然存在薄弱环节。究其原因，一是个别党员干部自身忽视廉洁教育，不能从思想上高度重视增强廉洁自律意识。在日常工作和生活中，对廉政文化和廉洁教育嗤之以鼻，认为没有大的作用，在实际工作不能明确区分廉洁与否。二是信念动摇，价值观发生改变。个别领导干部在市场经济条件下，丧失理想信念，对社会上存在的不合理现象不能正确认识，反而同别人在生活上、物质上进行攀比，认为自己在物质利益上受了损失，经不住诱惑，由此自觉不自觉的放弃理想信念，违背党的宗旨、准则，忽视对自身的严格要求和约束。三是体制机制约束不力。从主观上讲，对党员干部手中的权力制度约束不到位，个别党员干部有可能会运用手中的公权力来谋取私利；从客观上讲，社会上的一部分人可能通过钻制度漏洞，以低贿金去谋取高收益或高利润，成为党员干部廉洁自律的可怕敌人。同时，由于党员干部身处社会大环境中，各种人际关系和利益关系交错复杂，在面对公私利益冲突时，没有完整的防止利益冲突机制，会影响其廉洁自律状态。四是监管不到位。对党员干部的监管主要体现在两个方面：从党员干部自身来看，监督意识薄弱，有的人认为自己不需要别人和组织监督，甚至对监督产生反感心理，认为监督就是给自己找碴，不要监督；有的人忽视自身的监督职责，认为监督干部是组织的事情，和自己无关，不会监督；有的人害怕监督别人会给自己找麻烦，怕得罪人，不愿监督。从组织层面来看，监督合力不强，不能发挥我们党和国家监督体制的最大作用。在党和国家的监督机制中，党内监督、人大监督、监察部门监督、司法监督、群众监督、协商民主监督、舆论监督等监督主体多层次、全方位地承担着监督的职责，发挥了重要的作用。但是，这些监督主体之间存在的机构重叠、制度软化、信息不畅等问题制约了监督的效果和力度，甚至可能会造成监督缺位，不利于加强党员干部的廉洁自律。

因此，要以“坚定理想信念、坚持艰苦奋斗、守住廉政底线、自觉接受监督”为主题，下大力气抓好党员干部廉洁自律工作，有效预防和治理党员干部存在的作风问题和腐败问题，为新疆的长治久安打造一支清正廉洁的坚强党员干部队伍。一是以教育为基础，提高新疆党员干部廉洁自律意识。通过集中培训、正面示范教育、培育廉政文化等方式，加强对党员干部的思想理论教育和党风党纪教育，努力构建党员干部廉洁学习考评机制和党员干部思想汇报机制，引导党员干部认真学习政治理论，提高党员干部的思想境界，增强纪律观念，强化纪律意识，树立廉政理念，从思想上打牢防线。二是以制度约束为保障，规范领导干部廉洁自律行为。以公开透明为核心，构建多层次的党员干部廉洁自律制度体系，要健全领导干部个人重大事项报告制度、加快建立决策咨询制度、大力推行领导干部收入申报制度、积极完善党务公开制度、加快改革招投标制度、着手建立党员干部廉洁自律、建立完善损害群众利益行为的责任追究制度等，形成党员干部廉洁自律制度体系，以制度保障党员干部能够正确行使手中权力，真正做到立党为公、执政为民。三是以监督为主导，多渠道加强对干部的监督管理。要树立全方位监督意识，形成多角度、全程化、强有力的党员干部监督体系，发挥多种监督渠道的作用，形成监督合力。完善党内监督，严格民主生活会制度。要加强对领导干部行使权利的监督，对干部任免、重大事项的安排、大额资金的使用等问题上要严格执行民主集中制，积极推行票决制，防止领导干部独断专行，搞“一言堂”。要形成联动机制，将党内监督与党外监督、组织监督与群众监督、上级监督与下级监督、社会监督与舆论监督等监督方式相结合，发挥监督合力，保障监督的规范、协调、高效。

八、提高领导干部运用法治思维和法治方式能力

党的十八大报告提出，要“提高领导干部运用法治思维和法治方式深化改革、推动发展、化解矛盾、维护稳定能力。”这表明，法治能力将成为党员干部领导水平和执政能力的重要内容，这是依法治国方略全面落实的关键，是实现国家长治久安的根本。而第二次中央新疆工作座谈会明确要求坚持“依法治疆、团结稳疆、长期建疆”。依法治疆，是建设努力建设团结和谐、繁荣富裕、文明进步、安居乐业的社会主义新疆的根本。

作为新疆的党员干部，在贯彻落实中央和自治区关于新疆的战略部署时，必须坚持依法执政，不断提高执政能力和执政水平，促进民族团结，维护社会稳定，推动长治久安总目标的实现。因此，必须找准着力点，全方位提升党员干部运用法治思维和法治方式的能力。一是改善法治环境，增强法律权威。调查中，有 36.7% 的被访者选择了该项。法治环境是指全社会主张法律主治、依法而治所形成的特定意义上的社会环境。要通过体制机制改革，引导人民群众和党员干部在日常工作生活中积极学法、主动用法、严格守法，积极营造良好的法治环境，树立法律的权威。二是加强法治宣传教育，树立法治理念，有 23.3% 被访者选择了此项。法治思维和法治方式源自于对法律的学习和教育，要加强对党员干部的法律法规的培训，党校、行政学院等干部培训机构，应将法律知识和法治意识的培训纳入到干部教育培训的总体规划中去，引导党员干部树立社会主义法治理念，培养提高法治素养，确立法治意识。三是完善干部考核，注重考核依法履职水平，有 22.8% 的被访者选择了此项。要通过改革干部考核机制，将依法执政的能力和水平

纳入干部考核体系，强化党员干部的法治意识。要完善激励机制，引导领导干部运用法治思维思考和解决问题，注重提拔任用法治意识强、善于用法治方式推动发展、维护稳定的优秀干部。四是注重正反经验总结，提高党员干部依法执政能力，有 17.2% 的被访者选择了此项。新疆作为后发地区，党员干部依法执政能力还存在一定的不足，因此，要学习发达地区推动依法执政的有益经验，反思新疆治理过程中依法执政存在的问题，不断提高党员干部依法执政的能力，真正实现依法治疆。

九、党员干部基本价值观

党员干部作为个体，其基本的价值观念对工作态度、生活方式会产生重要影响，他们如何定位自己的人生价值，是加强党员干部队伍建设首要解决的问题。在调查中，围绕“对人生价值的认识”，有 55.8% 的被访者认为人生价值在于“为实现共产主义、推进建设中国特色社会主义而奋斗”，有 30.9% 的被访者认为人生价值在于“在实现自我抱负的基础上为社会作贡献”，这表明，新疆党员干部总体上都充分认识到人生价值在于坚持理想信念，服务人民，为社会作出更大的贡献，为中国特色社会主义事业努力奋斗。但是，仍然有 13.3% 的被访者认为人生价值在于“个人事业成功、实现自我价值”或“生活安定，身体健康”，因此，需要对部分党员干部进行教育引导，帮助其树立更加崇高的价值观，增强其责任感和使命感。

对于工作的期望，被调查的新疆党员干部有 37.1% 的人选择了“最大限度地发挥个人的才能”，32.6% 的人选择了“为全面建成小康社会多作贡献”，二者占据了主流，因此，各级党组织需要在推进新疆全面建成小康社会过程中，通过体制机制改革，为广大党员干部提供发挥聪明才智搭建平台和载体，充分发挥他们的积极性、主动性和创造性。有 25.7% 的被访者选择了“宽松和谐的工作环境”，这说明在对干部的考核、管理、使用上，需要继续改进和完善方式方法，真正做到以人为本，真正实现既能管好队伍，又能愉快工作的目标。同时，有 4.6% 的人选择了“丰厚的工作报酬”和“领导重视提拔”，这表明，在党员干部队伍中，仍存在个别人，是以物质报酬和职位晋升为工作目标，有比较对这些个别干部进行很好的教育引导，帮助其树立正确的事业观。

对于在工作中感到最缺少的东西，有 44.5% 的被访者选择了缺少“知识和技术”，这表明，随着新疆近年来的快速发展，绝大部分党员干部深感能力不足，有主动学习的动力和愿望，相关部门要及时组织和加强党员干部的培训教育，满足他们对学习的需求和对知识的渴望。有 23.7% 的被访者选择了缺少“关心和帮助”，新疆党员干部面临的工作任务重，压力大，尤其维护社会稳定任务艰巨，基层干部工作条件较差，在工作中身心容易疲劳，作为党组织，要努力构建党员干部激励关怀机制，增强其组织归属感和荣誉感。15.8% 的人选择了缺少“健康和亲情”，有很多党员干部由于长时间辛苦工作，尤其是基层干部，处于维稳第一线，健康状况不容乐观，对家庭的照顾没有尽到责任，在新疆维护社会稳定和实现长治久安过程中，要高度重视干部队伍的健康和心理状态。

十、改进思想政治教育工作

思想政治工作是其他一切工作的生命线，开展有效的思想政治工作，有利于统一思想，凝聚力量，增强干部队伍的战斗力。当前，思想政治工作总体上成效明显，但仍存在一些问题。在调查中，关于思想政治工作存在的问题，有 29.1% 的人选择了“学习形式呆板，学习不深入”，有 22.0% 的人选择了“目前的理论学习对提升干部学习力的作用不明显”，有 20.1% 的人选择了“学习内容的安排与干部需求相差甚远”，有 16.3% 的人选择了“政治理论太多，内容枯燥”，有 12.6% 的人选择了“集中学习培训不够”。调查表明，加强思想政治教育工作，需要创新工作方式、丰富学习内容、增强思想政治教育工作的针对性、有效性和实用性。

因此，进一步改进思想政治教育工作，一要丰富学习内容，调查显示，在接受“最喜欢的学习教育内容”的调查时，有 46.8% 的被访者选择“时事政策”，有 24.1% 的被访者选择“政治经济基本理论”。有 16.2% 的被访者选择“科学知识”，有 12.9% 的被访者选“专业技术知识”和“普法教育”。

要围绕基本理论学习和时事政治教育，构建党员干部思想政治教育的内容体系和框架，尽可能满足党员干部对各方面知识的需求，帮助其提高知识水平和能力素养。二是创新思想政治教育工作方式，要为党员干部搭建成长进步的平台，创造更多施展才华的机会，使其在工作中实现人生价值，增强其自信心；要开展丰富多样的思想教育，将思想教育工作融入党员干部的生活和工作，润物细无声，潜移默化；要重视理论培训，通过系统的理论学习，帮助党员干部用科学理论武装头脑；要重视沟通交流，上级领导要加强与所属单位党员干部的交流交心，帮助疏解其思想认识上存在的困惑与不解等。

（本文系 2014 全国党建研究会课题《党的思想建设制度改革》子课题成果）

参考文献

[1] 中共中央文献研究室编 . 习近平关于全面从严治党论述摘编 [M] . 北京：中央文献出版社，2016.

[2] 中共中央宣传部 . 习近平新时代中国特色社会主义思想学习纲要 . [M] . 北京：学习出版社，人民出版社，2019.

[3] 民政部基层政权和社区建设司组织编写 . 全国和谐社区建设理论与实践：社区服务创新 . [M] . 北京：中国社会出版社，2009 (5) .

[4] 顾丽梅，等 . 服务型政党与社会管理创新 . [M] . 上海：上海人民出版社，2013 (4) .

[5] 吴锦良 . 服务型政府大视野丛书 : 基层社会治理 . [M] . 北京：中国人民大学出版社，2014 (1) .

[6] 廖晓文 . 服务型党支部建设 : 根据党的十八大文件精神组织编写 . [M] . 北京，中共党史出版社, 2013 (4) .

[7] 本书编写组 . 服务型党支部建设 . [M] . 中共党史出版社,2010 (1) .

[8] 路大虎 . 做群众最信服的党员——建设学习型、服务型、创新型党组织 . [M] . 浙江：浙江人民出版社，2013 (7) .

[9] 中共遵义市委组织部 . 基层党建创新的“遵义模式”——遵义市创建服务型党组织研究 . [M] . 北京：党建读物出版社，2012 (1) .

[10] 中共新疆维吾尔自治区委员会宣传部 新疆维吾尔自治区“访惠聚”活动领导小组办公室 .2014 年“访惠聚”活动经验材料汇编 (上下册) .

[11] 新疆维吾尔自治区“访惠聚”活动领导小组办公室编 .2014 年“访民情惠民生聚民心”活动调研报告——凝心聚力强基固本 (上下册) .

[12] 新疆维吾尔自治区“访惠聚”活动领导小组办公室编 . “访民情惠

民生聚民心”活动百例（上下册）.

［13］李文君 . 创新创先争优活动激励机制研究［D］. 长沙：湖南大学，2012（2）.

［14］张佳佳 . 城市社区党组织建设研究［D］. 南京：南京师范大学，2012（3）.

［15］然娜 . 新疆少数民族农牧区基层党组织建设的现状及对策研究 .［D］. 新疆大学，2012（6）.

［16］中央党校中国特色社会主义理论体系研究中心 . 把创先争优与建设学习型党组织紧密结合起来［J］. 求是，2011（6）.

［17］杨伟光 . 建立长效机制推进创先争优常态化［J］. 新长征，2011（11）.

［18］李源潮 . 以创先争优为动力加强基层组织建设创造优异成绩迎接党的十八大召开［J］. 党建研究，2012（2）.

［19］钟龙彪 . 服务型基层党组织建设的现状分析与理论思考［J］. 长白学刊，2013（2）.

［20］申斌 . 新时期服务型基层党组织探讨——以功能主义为视角［J］. 法制与社会，2013（9）.

［21］任鹏，公衍才 . 新疆基层党组织化解社会矛盾和应对突发事件的问题研究［J］. 宿州教育学院学报，2012（2）.

［22］胡晓霞 . 新疆基层党组织应对突发事件的问题研究［J］. 实事求是，2011（1）.

［23］何萍 . 少数民族地区农村基层党组织建设与加强、创新社会管理机制探讨——以新疆喀什地区为例［J］. 喀什师范学院学报，2013（1）.

［24］田慧 . 乌鲁木齐城市社区管理模式的创新与实践［J］. 乌鲁木齐市委党校学报，2013（4）.

［25］刘晓光 . 基层党建与基层治理何以良性互动［J］. 人民论坛，2017（9）.

［26］刘成晨　杨君 . 创新“治理术”: 网络政治视角下的基层治理与社会建设［J］. 党政研究，2018（2）.

［27］张尚宇　王建州．社会治理的内涵、特征和功能浅析［J］．胜利油田党校学报，2016（9）．

［28］周叶婷　肖菲．基层党建与社会治理成长的互动逻辑［J］．长江论坛，2017（5）．

［29］于亚杰．基层党组织建设视角下的社会治理问题探究［J］．中共成都市委党校学报，2017（3）．

［30］闫海龙．加强新疆南疆村级基层党组织建设的思考——以莎车艾利西湖镇吐格曼贝希村为例［J］．实事求是，2016（1）．

［31］张斌．南疆地区村级后备干部问题研究——住村工作调研报告［J］．新疆警察学院学报，2015（1）．

［32］刘斌．对新疆南疆农村基层党组织建设的思考［J］．国家林业局管理干部学院学报，2015（9）．

［33］梁道刚，李金哲．关于提升党的建设质量的理论思考［J］．岭南学刊，2018（3）．

［34］高涛．加强南疆地区农村党员队伍建设探析［J］．实事求是，2018（5）．

［35］苗志娟．在全面从严治党中加强新疆南疆农村基层党组织建设［J］．新疆社科论坛，2017（2）．

［36］孙龙桦．治理能力视域下南疆农村基层党组织建设探析［J］．新疆大学学报（哲学·人文社会科学版），2019（3）．

［37］付玉联　谢来．新时代基层党组织建设质量评价体系与实现机制研究［J］．观察与思考，2019（9）．

［38］王文波　陈洪连．全面从严治党视域下农村基层党组织建设的困境与出路［J］．中共青岛市委党校 青岛行政学院学报，2018（6）．

［39］付高生．论“不断提高党的建设质量”［J］．中共成都市委党校学报，2019（6）．

［40］厦门市直机关党工委．新时代开展党支部标准化规范化建设的研究现状和意义探析［J］．机关党建研究，2019（6）．

［41］湖北省直机关工委课题组．加强机关党支部标准化规范化建设研究

[J] . 机关党建研究，2020（4）.

[42] 檀跃宇　王佳丽 . 推动基层党组织标准化建设的有效思路［ J ］. 中共山西省委党校学报，2018（4）.

[43] 广东省直机关工委 . 新时代机关党支部标准化规范化体系建设研究［ J ］. 机关党建研究，2019（6）.

[44] 李加坤 . 关于机关党建与业务工作深度融合的思考［ J ］. 党建研究，2021（3）.

[45] 武汉市直机关工委 . 机关党支部标准化建设的探索与思考［ J ］. 机关党建研究，2019（6）.

[46] 陈燕 . 党支部标准化、规范化建设：现实需要、衡量指标与整体推进［ J ］. 宁夏党校学报，2019（4）.